LE PASSEUR POCHE

DU MÊME AUTEUR

L'Ère numérique, un nouvel âge de l'humanité, Le Passeur Éditeur, 2014.
Big Data, penser l'homme et le monde autrement, Le Passeur Éditeur, 2015.
Transformation digitale : l'avènement des plateformes, Le Passeur Éditeur, 2016.

Gilles Babinet

Big Data, penser l'homme et le monde autrement

Préface d'Erik Orsenna
de l'Académie française

LE PASSEUR
ÉDITEUR

www.lepasseur-editeur.com

ISBN : 978-2-36890-492-3

Préface

BIG Data *ou* Big Brother ? Big Data *et* Big Brother ? Il y a quelque temps, la science-fiction nous faisait frémir en annonçant un âge où les ordinateurs domineraient les humains. Aujourd'hui, la menace se précise. Les « données » ont-elles pris le contrôle de nos vies ?

Désormais, nous sommes suivis, pistés, démasqués, mis en catégories, enregistrés. À chacune de nos innombrables connexions quotidiennes, nous dévoilons un peu plus de notre intimité. On sait tout de nous, de nos préférences, de nos espoirs, de nos petites manies inavouables…

Qu'en est-il de nos droits, à commencer par deux d'entre eux, le droit à l'ombre et le droit à l'oubli ? Comment vivre sous ce projecteur perpétuel ? Que fait-on de toutes ces informations qui nous ont été volées ? Et qui les rassemble, et qui décide, un beau jour, une sale nuit, de les utiliser ?

Gilles Babinet est une personne active. À 47 ans, il a déjà créé neuf entreprises, dont CaptainDash, spécialisée, justement, dans l'analyse de ces « données ». Nicolas Sarkozy le nomme au Conseil national du numérique, chargé d'informer les autorités publiques sur les enjeux de cette révolution. Il en sera le premier président. Aujourd'hui, il est devenu Digital Champion, autrement dit le représentant de la France auprès de la Commission européenne pour toutes ces affaires.

Dans un ouvrage récent et passionnant, *L'Ère numérique, un nouvel âge de l'humanité*, Gilles Babinet nous avait expliqué les changements apportés par les nouvelles technologies dans cinq domaines clefs : la connaissance, l'éducation, la santé, la production et l'État. Effarés, nous prenions conscience des bouleversements à l'œuvre. Ravis, nous découvrions des potentiels inimaginables. Furieux, nous constations les retards de notre pays. Inquiets, nous nous demandions quelle sorte de société était en train d'advenir : celle décrite par George Orwell dans *1984*, une sorte d'irrespirable tyrannie ? Ou un nouvel humanisme, plus riche en libertés, ouvert sur de joyeux potentiels ?

C'est pour apporter quelques éléments de réponse à cette question que Gilles Babinet a écrit le livre que vous allez lire.

Il faut dire que ce passionnéa déclaré un jour que la Cnil, Commission nationale informatique et libertés, est un « ennemi de la nation ». Cette Cnil n'avait-elle pas pour mission, ô combien noble et utile, de protéger le citoyen ? C'est bien beau la modernité, mais si l'on doit y perdre son âme... Cette affirmation, pour le moins choquante, devait, au plus vite, être expliquée. Et justifiée. À vous la parole, Gilles Babinet.

Vous l'avez bien compris, il y va du type de monde dans lequel nous allons vivre. Ne nous y trompons pas, l'espèce humaine va devoir affronter *en même temps* trois transitions : climatique, biologique et numérique. Comment en sortirons-nous ? *Augmentés* ou *machinisés* ?

Erik Orsenna,
de l'Académie française

Préambule

MON téléphone se mit à sonner – longuement – avant que je sorte finalement de mon sommeil. Mes yeux accrochèrent le cadran numérique d'une horloge : il était 3 heures du matin. Comme souvent lorsque je voyageais à l'étranger, j'avais manifestement oublié d'actionner la fonction veille pour éviter les appels intempestifs. Peu à peu, il me revint à l'esprit que j'étais à Las Vegas, pour un séminaire dont l'un des sujets était justement les data. Trois heures du matin, cela voulait dire midi à Paris. Je laissai passer l'appel et tentai de me rendormir lorsque le téléphone sonna de nouveau. J'étendis le bras et trouvai à tâtons mon smartphone : le numéro n'était pas identifié mais je décrochai malgré tout. C'était un journaliste qui tenait à évoquer ma « déclaration à l'égard de la Cnil*[1] ». J'avoue que sur l'instant, je fus incapable de comprendre de quoi il s'agissait : je bredouillai qu'il serait préférable de me rappeler d'ici quelques heures puis raccrochai, dubitatif et vaguement inquiet : quelque chose d'important était-il en train de se passer sans que je comprenne de quoi il s'agissait ? J'escomptai pourtant me rendormir et essayai, dans un état semi-éveillé, de mettre mon téléphone en mode avion. C'est alors que je réalisai

1. Les mots suivis d'un astérisque sont répertoriés et explicités dans le lexique, p. 239.

que de nombreux SMS m'étaient parvenus au cours des dernières heures : deux attirèrent particulièrement mon attention. L'un de Jean-Christophe, un de mes proches amis : « Une nouvelle croisade ? – *Good Luck.* » Et l'autre, de Fleur Pellerin, alors ministre en charge du Numérique : « Tu as pété les plombs ? » Manifestement, quelque chose d'anormal venait de se produire.

Je me levai, pressentant que je ne pourrais plus dormir. Je remis mon téléphone en mode normal. Presque immédiatement, un nouvel appel se fit entendre. C'était un journaliste de 01Net, un site Web spécialisé. Il me parlait d'une interview et de mes déclarations. Je pris peu à peu conscience de ce qui arrivait : une journaliste avait titré le papier issu d'une interview que j'avais donnée pour *L'Usine nouvelle* avec une affirmation que j'avais lâchée sans trop y faire attention : « La Cnil* est un ennemi de la nation. » Évidemment, ça faisait tache ; et surtout ça avait l'air d'en fâcher plus d'un.

J'ouvris mon ordinateur : des messages arrivaient presque en continu. Un autre site Web, Numerama, avait déjà fait un article pour commenter mes déclarations. Ça n'était pas tendre. Les commentaires des internautes non plus. Rares étaient ceux qui comprenaient que l'on puisse s'en prendre à la Cnil* ; cela donnait le sentiment que j'avais commis un crime de lèse-majesté. Puis, je lus l'article de mon interview dans *L'Usine nouvelle*.

Je réalisai que rien de ce qui était écrit n'était faux, mais que la journaliste avait surtout retenu mes commentaires « d'ambiance », qui émaillaient le fond de notre échange, et qu'elle les avait articulés d'une manière qui faisait ressortir un esprit général très agressif à l'égard de la Cnil*.

Depuis quelques mois je travaillais avec l'Institut Montaigne à la rédaction d'un rapport sur les facteurs d'agilité numérique des nations. Nous avions auditionné beaucoup de monde, des grandes entreprises du numérique, d'autres traditionnelles, des directions d'administrations publiques, ainsi que la Cnil*. Avec cette dernière, cela s'était plutôt mal passé. Je me souviens encore avoir reproché à son secrétaire général d'avoir fait en sorte que son institution défende des positions que je jugeais archaïques et, surtout, de nature à amplifier encore l'importance du principe de précaution, à présent gravé dans notre Constitution. Ce n'était d'ailleurs pas la première fois que je m'accrochais avec la Cnil*. Quelques semaines auparavant, lors du traditionnel déjeuner des ambassadeurs, Fleur Pellerin m'avait demandé d'intervenir pour parler du numérique en général. Je me souviens que j'étais alors assis à table aux côtés des ambassadeurs de Chine, d'Allemagne, des États-Unis, de Fleur Pellerin et… d'Isabelle Falque-Pierrotin, la présidente de la Cnil*. On nous avait tous deux demandé de résumer en quelques minutes en quoi le digital était sur le point de bouleverser le monde.

Il était convenu que j'interviendrais juste après Isabelle. Je l'avais patiemment écoutée, non sans noter combien j'étais en désaccord avec son approche. Lorsque ce fut mon tour, je ne pus me retenir de lâcher quelques observations sur le fait que son institution était l'une des causes qui expliquaient le retard français. Par exemple, en ce qui concernait le plan de numérisation du système de santé, dans la mesure où elle avait émis des recommandations alambiquées, compliquant d'autant les développements du système d'information[1]. Fleur

1. La Cnil s'est notamment opposée à ce que le Nir (numéro d'identification des usagers du système de santé) soit l'identification

était restée impassible, mais je la connaissais suffisamment pour savoir qu'elle avait modérément apprécié. Elle comptait sur moi pour la soutenir, mais maintenant qu'elle était ministre, elle avait probablement le sentiment que je ne faisais que la mettre en danger. Ce fut d'ailleurs l'une des dernières fois où j'intervins à ses côtés.

Mais à présent que cet article incendiaire était paru – le contenu était à la même enseigne que le titre –, on me demandait de m'expliquer. En quoi la Cnil*, dont la mission est avant tout de protéger les citoyens des abus des entreprises et des administrations publiques, pourrait-elle être condamnable ?

J'avais bien quelques idées. Cela tenait à peu près la route, mais ce n'était ni clair ni structuré. J'ai annulé ma participation à deux réunions sans grande importance prévues dans la matinée et passais deux heures à lire ce que je pouvais trouver sur la gestion des données personnelles. C'était passionnant et surtout cela ébranlait mes certitudes. Finalement, que savais-je vraiment de ces enjeux ? Est-ce que je pouvais me permettre de remettre en cause le travail d'une institution – la Cnil* – qui emploie des centaines de personnes et qui existe depuis plusieurs décennies, sans accident notoire ? D'autres questions également émergeaient. Pourquoi les données semblaient-elles faire si peur ? Et pourquoi ceux qui semblaient les craindre le plus étaient-ils souvent eux-mêmes des utilisateurs fréquents des services d'Apple, Google, Amazon ou Facebook, pour ne citer qu'eux ?

Je réalisais que, derrière la technologie, il y avait également des visions du monde. Celle de l'Europe,

---

unique, rendant difficile la gestion des dossiers par identifiant électronique (www.cnil.fr/fileadmin/documents/approfondir/dossier/ NIR/Rapport%20NIR.pdf).

qui avait, il y a cent trente ans, vu l'innovation comme un projet sans concession, pour finalement l'aborder avec beaucoup plus de circonspection à l'issue de deux guerres mondiales. Celle des États-Unis, qui l'avaient utilisée pour s'affirmer peu à peu au cours du XXe siècle et aussi celle de l'Asie, sans doute plus pragmatique encore à son égard.

Dès mon retour de Las Vegas, plusieurs médias me demandèrent de préciser mon propos. Lors de la première interview, sur la radio et télévision BFM, je me suis rendu compte qu'il n'était pas si simple de faire une réponse unique, qui embrassait tous les propos et toutes les situations. Bien entendu, il y avait le principal : je n'avais rien contre la régulation à l'égard du numérique et des données, mais elle ne devait pas renforcer le nihilisme ambiant que l'on observe trop souvent en France. La Cnil* caractérise – encore aujourd'hui – à mon sens cette crispation française à l'égard du futur et du progrès, qui nous a fait inscrire le principe de précaution dans notre Constitution. Le propre de l'homme est d'essayer et essayer signifie aussi échouer. Si nous cherchons à réguler le progrès, nous sortons *de facto* de la route du futur. L'enjeu n'est pas d'avoir une seule forme de progrès, mais bien d'en avoir plusieurs et elles ne sont pas toutes nécessairement technologiques. Mais toutes sont des tentatives avec des risques inhérents. Et si nous devions attendre qu'une armée de juristes ait préalablement « débeugué » tous les types de risques – ceux relevant d'une probabilité notoire et d'autres, imaginaires – il est probable que nous y perdions une partie de notre âme, celle d'une nation innovante et tournée vers l'avenir.

Tout cela, j'étais capable de l'énoncer à peu près clairement. En revanche, il m'apparut crûment que je n'avais pas nécessairement de position arrêtée sur beaucoup de sujets. À moins d'être manichéen, il devenait difficile de continuer à débattre au sujet des données.

En réalité, je ne cessais de me confronter à de nombreuses questions : Google a-t-il vraiment le moyen d'imposer une situation de monopole à l'égard des données ? En a-t-il le projet ? Et, si oui, comment réguler ? Est-ce que la souveraineté territoriale a encore un sens dans un monde largement virtualisé et ubiquitaire ? Les États ont-ils vocation à devenir des dictatures numériques ? Y a-t-il un risque de type *Minority Report*[1] que l'on nous condamne avant que l'on ait commis un délit ?

Nombreux, parmi nous, ont l'intuition qu'il existe un sens commun qui rend évidentes les réponses à l'égard de chacune de ces questions. Certains, par exemple, aimeraient couper Google en morceaux ou le nationaliser. D'autres pensent que les États vont rapidement jouer à Big Brother[2], simplement parce que les technologies le permettront et qu'il faut donc, dès à présent, les en empêcher. D'autres encore craignent une forme de lobotomisation de l'esprit du fait de l'automaticité des machines. D'autres enfin aimeraient ériger des barrières numériques autour de l'Europe, pour que seules les données qui sont à l'intérieur puissent circuler librement et qu'un contrôle strict ait lieu sur le peu d'activité des grandes entreprises californiennes que l'on aurait continué à tolérer.

Tout cela semblait fort envisageable et je ne cherchais pas à le nier. Simplement, il me semblait impossible

1. *Minority Report* (2002) est un film de science-fiction de Steven Spielberg, adapté d'une nouvelle de Philip K. Dick. L'action se déroule en 2054 et des êtres humains mutants, doués de prescience, prédisent les crimes à venir.

2. Big Brother : nom d'un personnage du roman de science-fiction de George Orwell, *1984*. Big Brother est devenu l'incarnation de l'État policier et de la perte des droits individuels.

ne serait-ce que d'essayer de répondre honnêtement à ces questions sans en avoir fait le tour ou, tout au moins, sans avoir réellement essayé de comprendre de quels types d'enjeux elles relevaient.

À force d'en discuter autour de moi, plusieurs personnes m'ont invité à écrire un livre à ce sujet. J'étais alors en pleine rédaction de *L'Ère numérique, un nouvel âge de l'humanité*, un essai que j'ai finalement publié en 2014. Je ne me voyais pas me remettre aussi rapidement à écrire un autre ouvrage. Je m'aperçus pourtant que j'avais amassé tant de notes et disposais de tant de notions, qui me semblaient finalement passionnantes à expliciter, que le projet du livre s'est imposé tout seul. C'est celui que vous tenez entre vos mains.

Alors que vous êtes sur le point d'en commencer la lecture, je ne peux que vous recommander une chose : prenez quelques minutes pour lire le lexique qui se trouve à la fin de l'ouvrage (p. 239). J'ai sincèrement cherché à éviter d'être jargonnant. Mais j'ai dû faire quelques entailles à ce vœu. Aussi, il me semble que si vous aviez à l'esprit les quelques mots compliqués qui sont évoqués à longueur de pages, cela vous rendrait la lecture sans doute plus fluide et accessible et vous permettrait de comprendre, sans avoir de bagage technique particulier, cette notion si particulière qu'est le Big Data.

Introduction

Il est vain de chercher à retenir le progrès : pas un exemple dans l'histoire ne nous permet de croire qu'une technique accessible ait pu être durablement cantonnée. Qu'il s'agisse de la soie chinoise ou du métier à filer anglais, les exemples sont nombreux des techniques que les États ou les inventeurs ont cherché à préserver pour leurs intérêts propres, sans finalement y parvenir. C'est pourquoi l'avènement des technologies liées aux données ne représente désormais plus une hypothèse que l'on peut infléchir, mais bien une certitude à laquelle nous devons nous préparer. Le choix que nous pouvons encore faire consiste, en revanche, en celui d'un modèle d'émergence de ces techniques qui soit le plus harmonieux pour nos sociétés. Il nous faut donc comprendre, le mieux possible, ce que permettent les données, ce que sont leurs opportunités, leurs dangers ; et cela, le plus vite possible. Car l'avènement de cette révolution est proche. Cela va vite, de plus en plus vite.

Ainsi, l'humanité accroît sa production de données de façon étourdissante : chaque minute, environ 350 000 tweets, 15 millions de SMS, 200 millions de mails sont envoyés dans le monde, tandis que des dizaines d'heures de vidéos sont mises en ligne sur YouTube, et que 250 gigaoctets d'informations sont archivés sur les serveurs de Facebook. Nos téléphones mobiles créent également de l'information, que nous l'utilisions ou non. Il en va de même pour nos téléviseurs, s'ils sont connectés à une *box* ; nos voitures, qui actionnent des capteurs situés sur la route ; la composteuse, qui valide nos billets de train ; les caisses enregistreuses des supermarchés. Les caméras de surveillance en créent aussi, de même que nos déplacements dans notre propre maison, si nous y avons installé une alarme électronique.

En 2010 on estimait que nous produisions déjà tous les deux jours environ 5 exaoctets (Eo, soit 10^{18} octets) d'informations… soit autant qu'entre le début de la culture humaine et 2003 ! Selon la société de recherche IDC, 1,8 zettaoctet de données (Zo : 10^{21} octets) – soit l'équivalent d'une pile de CD Bluray qui ferait sept fois le tour de la Terre – ont été créés en 2011. « L'information disponible à la surface de notre planète en 2020 devrait tourner autour des 40 Zo… » Mais « ces estimations sont rendues fausses d'année en année par les nouveaux usages », précise Jean-Yves Pronier, directeur marketing du gestionnaire de données EMC.

Ce n'est pas seulement la croissance du volume de données qui est remarquable, mais le fait que toute cette production de données se fasse désormais au sein d'un réseau unifié – Internet – utilisant le même protocole « IP » pour véhiculer cette information. On estime ainsi qu'en 2025, il pourrait y avoir 100 milliards d'objets connectés[1] ou autant de machines qui créent de la « data » véhiculée par le réseau. Chacune de ces machines génère des signaux de tous types, donnant de précieuses informations sur les activités humaines, sur l'environnement, la médecine, les

---

1. Cisco prévoit 50 milliards d'objets connectés en 2025 et Huawei en prévoit le double à cette date : www.pipelinepub.com/technical_ innovation/IoT.

sciences, les agents économiques, bref, sur le fonctionnement d'une infinité de systèmes complexes, auparavant isolés, incapables de communiquer avec un réseau unique. L'aspect le plus incroyable et probablement le plus révolutionnaire est que toutes ces données sont désormais interconnectables ; que la plus grande proportion d'entre elles est accessible à tous. Et, malgré cela, dans leur très grande majorité, l'information qu'elles recèlent est perdue. Mettre en œuvre les data permet, par exemple, de suivre la propagation d'une épidémie de grippe presque en temps réel, avec le service Google Flu. En visualisant sur une carte le nombre de fois où un internaute a tapé le mot « grippe » ou simplement les symptômes de la grippe dans Google, on parvient à avoir une représentation très précise de l'avancée de cette maladie, dans le temps et dans l'espace. De même, en comptant les fautes d'orthographe saisies dans le champ du moteur de recherche, on parvient à estimer assez précisément le niveau d'illettrisme dans un pays, une région ou un quartier donné. En réalité, Google, Facebook et quelques autres en savent potentiellement infiniment plus sur la société française que l'Insee, dont c'est pourtant le métier. De même, l'Onu, avec son programme Global Pulse, écoute désormais les réseaux sociaux pour détecter de façon préventive les endroits dans le monde où un conflit est susceptible de survenir.

Les données explosent donc et, jusqu'à récemment, leur exploitation était laborieuse, voire impossible, car les volumes étaient trop importants et les outils techniques d'analyse pas encore inventés. Le facteur de révolution vient du fait que depuis une dizaine d'années, il existe une nouvelle génération d'algorithmes permettant de gérer ces données des centaines, et même des milliers de fois plus vite qu'auparavant. On a attribué à cet ensemble de technologies le nom de Big Data. Ce sont elles qui permettent de séquencer les ADN et ce sont elles qui font que nos réseaux sociaux parviennent à gérer des millions d'interactions à la minute sans faillir ; ce sont encore elles qui permettent d'affiner la qualité de la prédiction météo au-delà de deux ou trois jours comme auparavant. On pourrait en dire autant pour la prévention précoce des maladies chroniques, le traitement des pathologies orphelines, l'émergence et la détection de nouvelles tendances politiques (et le succès de Barack Obama aux élections présidentielles). La découverte du refuge de Ben Laden serait même, selon certains, l'un des succès du Big Data. Dans l'agglomération de Chicago, l'analyse des flux de données issues des réseaux sociaux a permis de prédire avec un niveau de précision inouïe où seraient commis les prochains crimes et, dans d'autres pays, le même type d'analyse permet de prévoir les zones d'embouteillages.

Il n'est pas aberrant de penser qu'à elles seules, les données puissent représenter une rupture plus forte qu'a pu l'être en son temps l'avènement de l'ère industrielle. On parlerait plutôt, dans ce cas, d'*ère informationnelle*. Le terme n'est pas nouveau : il existe depuis la fin des années 1970. Cependant, la nouveauté de la situation se caractérise de deux façons : d'une part, il existe un nombre considérable de sources de données, bien plus qu'on ne l'avait jamais imaginé ; d'autre part, nous disposons de capacités nouvelles d'analyse de ces données, lesquelles pourraient nous en apprendre plus sur nous-mêmes et notre environnement que nous ne l'aurions cru possible. Voici pourquoi le Big Data représente une rupture de paradigme. Si la puissance des ordinateurs devait continuer à croître à cette vitesse durant quelques dizaines d'années, la capacité de projection issue de ces calculs se situerait tout simplement au-delà de nos capacités d'imagination.

Ceux qui ont pris part à une campagne électorale afin de devenir conseiller municipal, représentant syndical ou même délégué de classe savent combien une élection représente un processus complexe : il est inutile de perdre son temps à chercher à convaincre ceux qui sont déjà convaincus et qui de toute façon *voteront pour vous*. De même, il ne sert à rien d'aller voir ceux qui ne *voteront jamais pour vous*. L'objectif est d'accroître la probabilité que ceux qui sont *susceptibles de voter pour vous* le fassent effectivement, mais encore faut-il être capable de les identifier. C'est ce à quoi s'est employé, avec le succès que l'on sait, l'équipe de campagne de Barack Obama lors de sa réélection ; même le camp républicain a fini par reconnaître que, technologiquement, Obama avait été largement plus performant grâce aux données, ces dernières lui donnant une avance irrattrapable. Ce type d'approche peut être généralisé massivement afin d'optimiser les opportunités dans tous les domaines, notamment dans le marketing où c'est particulièrement pertinent.

À quoi peut-il servir de tout mesurer ? Quel est le secret qui peut nous permettre d'envisager un monde nouveau par le biais des données ? Pourquoi serions-nous face à une révolution industrielle du simple fait que nous pourrions tout quantifier ?

En réalité, il faut tâcher de comprendre la nature des changements qui se produisent dans le monde moderne. Dans le passé récent, c'est l'énergie bon marché qui a été le principal facteur de création de valeur : l'invention de la machine à vapeur, puis celle du moteur à explosion et enfin celle du moteur électrique ont permis de décupler les « grappes d'innovations » (Schumpeter) et d'accroître la productivité comme jamais dans l'histoire de l'humanité. Cette ère a duré deux siècles et s'est probablement terminée entre les années 1970 et la fin du millénaire. Nous savons à présent qu'il nous faut économiser nos ressources énergétiques ou encore que la production de richesse ne sera plus proportionnelle à l'accroissement de notre utilisation d'énergie.

Depuis trente ans, une autre révolution se dessine. Elle se développe à une vitesse sensiblement plus élevée que la précédente : en moins de vingt-cinq ans, 86 % de la planète ont pu accéder à la téléphonie mobile. Début 2016, les opérateurs de télécommunications ont observé une croissance des équipements en smartphones qui permet d'envisager une connection à l'Internet plus rapide pour l'ensemble des Africains. Cette révolution ne permet pas seulement de rendre nos vies plus « pratiques ». Elle accroît significativement les gains d'opportunité. En permettant à chacun de coordonner sa journée, ses rendez-vous en quelques touches d'écran, dans un train par exemple, elle conduit à économiser un temps précieux, à sauver des vies, à optimiser à tout instant et en tout lieu de grandes quantités d'énergie. Les stocks industriels, les flux énergétiques, l'utilisation de la main-d'œuvre peuvent être ajustés de façon fine à la demande, limitant d'autant le capital improductif et les gâchis de toutes sortes.

Même si les économies occidentales sont, pour l'instant, malmenées, on n'aura jamais vu la croissance mondiale se maintenir au-delà de 3,5 % pendant une dizaine d'années. Pour nombre d'économistes, il n'y a que peu de doutes que la croissance soit, au moins dans une large proportion, tirée par la dynamique nouvelle des technologies de l'information.

Cela fait plus de deux décennies que nous sommes entrés dans l'ère numérique. En 1989, Tim Berners Lee inventa le Web. Depuis vingt-cinq ans, nous vivons une ère d'innovation numérique fortement liée au développement de sites Web et, depuis le début du XXIe siècle, d'applications mobiles. Mais le début de la décennie 2010 a marqué un changement, qu'ont bien observé les spécialistes : dans toutes les agences d'applications mobiles, de design, de marketing on ne parle plus de Web ni même d'applications mobiles, mais bien de data. Tous n'ont plus que ce mot à la bouche. Tout porte à croire qu'une première ère, celle du Web, se termine et que nous sommes, désormais, dans celle de la mesure, celle des data. En réalité, ce mouvement profond a bien une explication rationnelle que nous verrons un peu plus loin.

Pour autant, cette transition d'un monde industriel vers un monde plus intelligent, qui maximise les gains d'opportunité, n'est pas une chose aisée. Dans de nombreux secteurs d'activité économique, dans de nombreuses organisations sociales, il y a plus qu'un geste de la coupe aux lèvres. Car les data remettent presque tout en cause : l'organisation des entreprises, les processus commerciaux ou industriels, la compréhension des enjeux, la culture des entreprises et, plus généralement, tous les types d'organisations. Comprendre ces enjeux n'est pourtant pas inaccessible. Les principes qui gouvernent les données ne sont pas le produit de l'élucubration complexe d'un génie, mais plutôt une succession d'avancées, dans différents domaines, à différentes époques, qui ont *in fine* façonné une nouvelle discipline.

C'est ce que nous évoquerons dans la première partie de ce livre : l'histoire du Big Data, ses principes et les découvertes qui ont permis qu'il soit aujourd'hui une réalité. Cette partie comprend plusieurs développements concernant des domaines dans lesquels le Big Data se met en œuvre : la santé, l'agriculture, l'environnement et, enfin, les villes et l'énergie. La deuxième partie est dévolue aux entreprises : comment peuvent-elles mettre en place une stratégie Big Data ? Comment font-elles pour changer leur organisation afin de tirer le meilleur d'une culture des données, culture qui est au cœur des entreprises du type californien ? Enfin, la troisième partie évoquera les enjeux de régulation : comment créer une société harmonieuse et au sein de laquelle les données prendraient leur juste place ? Cet enjeu, on le verra, est d'autant plus complexe à aborder qu'il recouvre des dimensions anthropologiques et des choix fondamentaux pour l'espèce humaine, telle que nous la connaissons.

PREMIÈRE PARTIE

Big Data, genèse et évolution

1
Les origines

En 1941, l'*Oxford English Dictionary* évoqua la multiplication des données sous l'expression « *information explosion* ». C'était une première. L'information était si précieuse que personne n'avait songé au fait qu'il pourrait y en avoir trop. Trois ans suffirent pour qu'un universitaire américain, Fremont Rider, évoque le phénomène d'« explosion des données ». Il estimait que la taille des bibliothèques américaines doublait tous les seize ans et que, en se fondant sur ce taux de croissance, celle de Yale contiendrait environ deux cents millions de volumes, nécessitant plus de six mille employés pour garantir un accès convenable aux ouvrages. Il fut suivi dans les années 1950 par Derek Price, qui publia un article mettant en lumière cette évolution exponentielle : le nombre d'articles universitaires, de son point de vue, serait amené à être multiplié par dix tous les siècles. Il s'agissait là de signes avant-coureurs d'un phénomène dont personne n'avait encore idée de l'ampleur.

Big what ?

Il est assez difficile de retracer précisément l'histoire de l'expression « Big Data ». Le premier à l'avoir employée dans son sens actuel semble toutefois être John Mashey. En 1989, alors qu'il était encore directeur scientifique de Silicon Graphic, il écrivait : « Ceux qui conservent les données nous disent qu'ils le font pour le bénéfice du consommateur. Mais en réalité, les data pourraient très bien être utilisées pour des buts autres que ceux pour lesquels elles ont initialement été collectées[1]. » C'était une observation remarquablement pertinente pour l'époque. Il est vrai que Silicon Graphic produisait les ordinateurs alors considérés comme parmi les plus puissants, à même de faire d'importants traitements de données et, potentiellement, de faire des analyses du type de celles que l'on trouve dans l'univers du Big Data.

Il faudra toutefois attendre quelques années pour que les contours du Big Data se dessinent vraiment. L'une des sociétés parmi les premières à choisir une approche nouvelle, et qui deviendra plus tard une des branches « officielles » du Big Data, sera Google. En développant dès 1998 la technologie de PageRank, qui classe les pages issues de son moteur de recherche en fonction de leur popularité, Serguei Brin et Larry Page mirent en œuvre un modèle mathématique, le graphe, jusqu'alors peu utilisé en informatique. On le verra un peu plus loin, celui-ci représentera l'une des pierres angulaires du Big Data, sans en être toutefois à lui seul la notion principale.

On ne sait finalement plus très bien qui, parmi plusieurs entreprises apparues dans la décennie qui a précédé la bulle d'Internet, de Flickr, Yahoo ! ou Google, fit le premier observer que, à la vitesse à laquelle croissait le trafic sur les réseaux, on pouvait craindre que les systèmes informatiques ne puissent rapidement plus répondre à la demande[2]. Il était

1. « The Origin of "Big Data" : An Etymological Story », *New York Times*, 5 février 2013.

2. Voir à ce sujet : www.Bigdata-startups.com/big-data-history/.

impératif de changer de paradigme et de trouver de nouvelles solutions technologiques. Déjà, Flickr avait annoncé qu'il ne serait capable de continuer à faire fonctionner ses services avec des niveaux de performance acceptables que durant deux ou trois ans, même en tenant compte de l'accroissement de la performance des microprocesseurs. Et de nombreux autres services, nécessitant des travaux d'algorithmie importants, ne pouvaient entrevoir de solution à la croissance des données et des requêtes issues de leurs utilisateurs.

Dès 2003, Google décrivit un protocole de fichiers distribué, Google File System[1]. Il s'agissait d'un dispositif qui permettait entre autres choses d'accroître la puissance de traitement des recherches sur le Web. L'année suivante, avec MapReduce*, Google expliquait comment optimiser les modes de traitement et de calcul dans le contexte de données massives[2].

Mais ce sera finalement un ingénieur sponsorisé puis employé par Yahoo !, Doug Cutting, qui créera la première version de ce qu'il appellera Hadoop*[3] : un environnement de données non structurées, construit à partir d'un modèle massivement parallèle, tels ceux mis en œuvre par Google au sein de Google FS et MapReduce*. En termes plus clairs, il s'agit d'un moyen d'effectuer des requêtes (« recherches évoluées ») dans des puits de données distribués,

1. Voir à ce sujet : research.google.com/archive/gfs.html.

2. À propos de MapReduce : research.google.com/archive/mapreduce.html.

3. Pour la petite histoire, le logo de Hadoop – un éléphant jovial – n'était autre qu'une déclinaison d'une image que Doug Cutting avait trouvée sur le doudou de son fils. Il ignorait alors que cette image serait largement réutilisée par l'ensemble de la communauté. Encore aujourd'hui, cette icône reste le logo officiel de Hadoop. Doug a quitté Yahoo ! et travaille au sein de Cloudera, l'un des acteurs leaders dans le domaine du Big Data.

c'est-à-dire dont les informations à traiter ne sont pas nécessairement toutes situées au même endroit, mais réparties dans des serveurs distants les uns des autres ; ces requêtes pouvant avoir des natures à peu près illimitées, comme des algorithmes complexes. La notion d'architecture distribuée permet alors d'accéder à la fois à de grandes quantités de données et de mobiliser de la ressource de calcul distribuée, c'est-à-dire située là où se trouve l'information, elle-même distribuée. Toute l'astuce consiste à coordonner ces traitements de données dans le but de gérer les incohérences et redondances. Dès lors, on obtient un système dont l'efficacité est sans commune mesure avec ce qu'il était possible de faire auparavant, dans des environnements de données traditionnels[1].

Une représentation très allégorique, mais néanmoins pertinente, permet de comprendre la différence des systèmes de Big Data par rapport aux systèmes traditionnels : dans un modèle classique, si les données étaient une photographie, on déconstruirait celle-ci pixel par pixel et on rangerait ces pixels en fonction de

1. L'une des caractéristiques les plus remarquables de ce nouveau type d'environnement consiste à éviter d'utiliser des bases de données traditionnelles de type SQL ; celles-ci sont jugées trop lentes, incompatibles avec la structure même du Web, fait de données non structurées, et imposent un mode d'organisation des données qui limite donc les traitements en volume et en quantité ; c'est pourquoi on appelle les environnements de stockage de type Big Data « NoSQL* ». Aujourd'hui, les plus célèbres sont MongoDB, Cassandra ou Redis. Mais surtout, le principal défaut des systèmes traditionnels est qu'il est impératif que les données soient parfaitement structurées pour être utilisables. Si les données mises en œuvre dans des bases de type SQL ne sont pas exactement au format attendu, c'est tout le processus de traitement qui est remis en cause. Il est possible que les résultats des requêtes sur ces bases soient faux ou même qu'ils soient, tout simplement, inaccessibles.

leur couleur : les rouges dans le silo rouge, les bleus dans le silo bleu et ainsi de suite. Dans le modèle Big Data, rien de tel. L'on prendra simultanément plusieurs jumelles afin de zoomer sur la photo aux différents endroits auxquels l'on s'intéresse, pour observer à loisir des variations entre différents points de la photo. Dans un cas, les données sont prétraitées (et structurées, ce que l'on assimile souvent au terme technique SQL) : il s'agit du modèle classique ; dans l'autre, les données sont utilisées en mode non structuré. Le premier cas permet de faire de façon remarquablement efficace des opérations simples : compter le nombre de pixels, connaître le nombre de fois où ils se trouvent à côté d'un pixel rouge, la moyenne à laquelle les bleus apparaissent, etc. L'autre système permet d'observer que les pixels dessinent un visage et que ce visage regarde un autre visage ; ce que l'on n'aurait sans doute jamais vu avec un système d'analyse de type structuré.

Doug Cutting comprit immédiatement la portée de ce qu'il avait inventé et réussit à convaincre Yahoo ! de privilégier un modèle *open source* pour Hadoop*. Il était convaincu qu'une telle technologie ne pourrait perdurer que si elle était améliorée par une large communauté, telle que seuls les environnements *open source* sont capables de mobiliser. Chacun fut donc libre d'en utiliser le code et de l'améliorer. Cette décision fut sans doute celle qui permit à l'univers du Big Data d'exister. En effet, comme les sociétés étaient nombreuses à connaître des limitations en matière de vélocité de traitement des données, la communauté qui eut envie de s'impliquer dans l'amélioration de Hadoop* n'en fut que plus grande. Plusieurs milliers de développeurs s'inscrivirent rapidement sur les forums traitant de Hadoop/Map Reduce* ; des volets en français, en allemand et dans d'autres langues encore furent créés[1]. Le Big Data était né et cela ne prit que peu de temps avant que l'on comprenne son potentiel. Chercheurs, entrepreneurs, biologistes, e-commerçants, sociologues, etc., tous pouvaient en bénéficier largement. Beaucoup n'auraient jamais osé imaginer que des traitements massifs de ce type seraient un jour possibles et économiquement accessibles.

Pourtant, dans un premier temps, cette approche fut considérée comme si radicale qu'on n'osa pas l'utiliser à grande échelle et rares furent les sociétés qui mirent en œuvre le concept de Big Data sur leurs applications critiques. Toutefois, d'autres sociétés comprirent le potentiel considérable de cette invention : les utilisations furent de plus en plus massives et, à présent, des acteurs de tous types ont choisi de faire des implémentations de type Big Data au cœur de leurs systèmes d'information. Aujourd'hui, on peut sans exagérer affirmer que le Big Data est indissociable de la réussite de nombreuses sociétés californiennes d'Internet, tant il permet d'exprimer tout le potentiel de la plateforme, ce dont il sera question plus loin[2].

1. Le volet français a été créé au sein de CaptainDash, la société que j'ai cocréée avec Bruno Walther et qui fait des tableaux de bord à partir d'outils de Big Data.

2. D'autres environnements apparurent rapidement aux côtés de Hadoop*, avec souvent des objectifs complémentaires. Facebook a ainsi développé Hive, dont l'objectif était de permettre aux développeurs habitués à utiliser des bases de données traditionnelles – de type SQL – de pouvoir utiliser des environnements Hadoop avec le même type de langage que s'il s'était agi de SQL. Yahoo ! fit également des développements comparables. Quelques entreprises, dont SAP, développèrent des technologies propriétaires, comme Hana*, avec des objectifs légèrement différents, tels que la possibilité de faire des traitements *in-memory** – dans la mémoire vive haute densité – ou encore de faire du traitement de data en temps réel – ce que l'on appellera un temps du *data-streaming*. La

Un peu de mathématiques

On a souvent tendance à oublier combien le déluge technologique auquel nous assistons au travers des données ne serait pas grand-chose sans les mathématiques. De surcroît, une très vaste majorité – peut-être de 95 à 98 % – des données issues d'Internet sont « bruyantes », c'est-à-dire non structurées et dynamiques plutôt que statiques et convenablement rangées. Sans même évoquer le fait qu'elles peuvent être endommagées ou incomplètes. Typiquement, les données issues des réseaux sociaux, de Facebook, Twitter ou Instagram sont principalement textuelles et donc nécessitent d'importants travaux pour les exploiter. Ceux qui ont une formation en mathématiques, ou mieux encore en statistiques, ont l'habitude de penser des données comme étant composées de vecteurs – une chaîne de chiffres et de coordonnées. Mais en ce qui concerne les données des réseaux sociaux ou de la vaste majorité du Web, rien de tel. Pour pouvoir effectuer des traitements statistiques à partir de ces informations, il faut repenser totalement les approches technologiques usuelles. Cela signifie qu'il a fallu créer de nouveaux outils mathématiques à partir des ensembles de données.

Cela soulève donc deux défis : il y a, d'une part, beaucoup plus de données ; et, d'autre part, celles-ci ne sont pas rangées de la façon dont il le faudrait

---

plupart de ces technologies, cependant, reprennent des principes d'architecture distribuée initialement retenus dans Hadoop, à l'instar de Spark*, technologie *in-memory* open source*, concurrente de Hana, qui permet de faire des traitements encore accélérés par rapport à Hadoop. D'une façon générale, ces technologies concentrent actuellement l'intérêt des communautés *open source*, qui y voient l'expression d'un nouveau paradigme dans le traitement des données.

si on utilise les outils traditionnels pour les traiter. Nombreux sont ceux qui soulignent qu'on ne peut pas se figurer la matière première du Big Data comme une gigantesque feuille Excel, de la taille d'un parking d'hypermarché, sur laquelle se trouveraient des données bien rangées. Il faut plutôt se figurer le Big Data comme un torrent de montagne, dont chaque goutte est un chiffre, ou encore comme une photo ou une suite de photos. En apparence, tout cela paraît extrêmement désordonné et sans vraiment de sens ; pourtant, il est possible d'en extraire une quantité d'informations impressionnante, pour peu que l'on accepte de changer de méthode.

Les solutions – car il ne s'agit pas d'une seule solution – viendront progressivement en associant élégamment plusieurs méthodes, parfois issues de disciplines très éloignées les unes des autres. On a vu qu'une partie de la réponse au traitement des données non structurées s'est trouvée dans le traitement parallèle du stockage de l'information. L'autre partie viendra des mathématiques pures.

Quelques mathématiciens, pour certains contemporains les uns des autres comme Eduard Čech (1893-1960) et Henri Poincaré (1854-1912), vont faire émerger une nouvelle discipline mathématique du nom de topologie. Celle-ci permet d'analyser les phénomènes de corrélation dans de nombreuses séries de chiffres. C'est en partant de ces travaux, ainsi que de ceux de Leonhard Heuler (1707-1783), qu'a été fondée, il y a seulement quelques années, la discipline visant à analyser des modèles topologiques de données (en anglais : *Topological Data Analyse* ; TDA), notamment par le biais de techniques très sophistiquées de dérivés d'outils mis au point au début du XXe siècle par Čech et le mathématicien Boris Delaunay (1890-1980). Ces modèles topologiques de données sont aujourd'hui déterminants pour extraire des signaux faibles – des corrélations ou des artefacts, par exemple – de séries de nombres et ils sont très fréquemment mis en œuvre dans les opérations de calcul relevant du Big Data. Il n'a d'ailleurs pas été nécessaire que les technologies dites de Big Data décrites dans le livre que vous avez en main soient inventées pour que l'on puisse réellement commencer à traiter de grandes séries avec ce modèle. Les analyses épidémiologiques, sociologiques et de toutes autres sortes requièrent depuis fort longtemps l'utilisation d'une partie de ces méthodes. Ce qui est nouveau, c'est la capacité de mettre en œuvre ces modèles à des échelles que l'on aurait difficilement crues imaginables auparavant. Le fait d'automatiser ces recherches permet, de surcroît, de trouver plus facilement des artefacts dans des jeux de données que l'on n'aurait tout simplement pas imaginé pouvoir explorer. Ainsi, une analyse de type Big Data effectuée au sein des feuilles de diagnostic du Washington Hospital Center a révélé que le mot « fluid » était généralement associé à un risque élevé de réadmission : cette information aurait été particulièrement difficile à trouver autrement et elle a évidemment une réelle importance pour les acteurs du système de soins[1].

La topologie est une forme de géométrie qui extrapole dans l'univers mathématique la façon dont les êtres humains perçoivent les formes. Nous, êtres humains, pouvons voir qu'un A est un A, même lorsque les lettres sont écrasées ou écrites dans différentes polices : c'est une perception qui nous est naturelle, mais qui ne l'est absolument pas aux systèmes informatiques classiques. En appliquant ces principes

1. « Big Changes are Ahead for the Health Care Industry, Courtesy of Big Data », *Fast Company*, 18 juin 2012.

de visualisation aux chiffres, la topologie permet aux chercheurs observant un ensemble de données d'identifier des zones comportant des similitudes, même si certains détails sous-jacents peuvent, en apparence, être différents. Une machine peut avoir des difficultés à reconnaître des lettres, mais elle excelle à voir des signaux faibles dans des chiffres ; des signaux qui, sans elle, nous seraient pour la plupart invisibles. Les topologistes sont devenus adeptes de blagues qui consistent à évoquer un éléphant que l'on aurait fait apparaître dans les données issues d'une longue cohorte de chiffres sans intérêt apparent.

Mais la topologie n'est que l'une des nouvelles méthodes explorées : elle se combine généralement avec d'autres disciplines pour permettre d'obtenir des résultats concrets. Nombreux sont les mathématiciens et les *chief data scientists* qui disent s'attendre à voir une renaissance des travaux en mathématiques et dans le domaine des algorithmes avancés, afin de permettre l'exploitation des données et, autant que possible, l'extraction des signaux qu'elles contiennent. La théorie des graphes (évoquée plus haut à propos de Google), un outil complémentaire à la topologie, relève tout autant de l'informatique que des mathématiques et ouvre d'immenses perspectives. Il s'agit d'un ensemble d'algorithmes élaborés pour résoudre des problèmes issus des environnements liés à la notion de réseau (social, informatique, télécommunications, etc.) et dans bien d'autres domaines (par exemple, génétique) tant le concept de graphe – à peu près équivalent à celui de relation binaire (à ne pas confondre avec le graphe d'une fonction) – est général.

La théorie des graphes, appliquée par exemple sur les réseaux sociaux, décrit chaque personne sous forme de nœuds, tandis que les informations échangées entre ces personnes sont représentées sous forme de liens. Les modèles d'algorithmes issus de cette théorie aident à découvrir le chemin le plus court entre les nœuds, à propos d'un thème éditorial ou d'un certain type d'interaction, et donc à révéler des sous-communautés sociales, plus denses à l'égard de ce que l'on recherche. Il s'agit de mesurer la distance qui existe entre les nœuds afin de créer des modèles multidimensionnels permettant de voir ce qui caractérise un nœud particulier. Ces dernières années, ces modèles ont été largement transcrits dans l'univers informatique. Il est devenu relativement aisé d'effectuer des recherches automatisées pour saisir quelles sont les caractéristiques importantes d'une communauté qui s'intéresse au sport de combat ou au voyage à vélo dans un pays donné, par exemple. Ces notions, qui intéressent au premier chef les entreprises de l'univers du marketing, sont de plus en plus souvent mises en œuvre par des *learning machines** sur lesquelles nous reviendrons.

Ces dispositifs sont appelés à connaître un développement important dans les années à venir, tant leur potentiel, pour le meilleur et pour le pire, semble important. Identifier une communauté et ses caractéristiques est en soi intéressant, mais ajouter à cela une dimension prédictive permet évidemment de créer une interaction efficace avec cette communauté.

La règle des 3 V

On a souvent coutume de présenter les challenges associés au Big Data sous la forme des trois V : Volume, Vélocité, Variété (en anglais *Volume, Velocity, Variety*).

Volume, car, comme nous l'avons évoqué, les entreprises font aujourd'hui face à une explosion des données. Un simple système de stockage de caméras de vidéo-surveillance d'un centre commercial peut produire près d'un demi-péta-octet (un milliard de mégaoctets) de données chaque année ! Si l'on ajoute à cela les réseaux sociaux, les systèmes de *Business Intelligence* et de CRM* de nouvelle génération (e-mail, social), l'e-commerce, les capteurs intégrés dans les objets communicants, etc., on conçoit que les données soient en croissance forte. Dans la mesure où toutes les données sont à présent accessibles au format d'Internet Protocole (IP), avoir une vue globale de ce qu'elles recouvrent devient pour le moins un défi de premier ordre. Disons-le tout net : les fonctions informatiques de l'ensemble des grandes entreprises, les technologies actuellement déployées, ne sont absolument pas conçues pour administrer de façon efficace de telles quantités de données. L'enjeu n'est rien moins que de faire une deuxième révolution numérique au sein des entreprises, pour ne parler que de celles-ci[1].

Velocity, car la vitesse de création de données telles que les clics sur le site Internet de l'entreprise, les réseaux sociaux, les paramètres d'achat en ligne, est beaucoup plus grande que celle de données issues des travaux de recherche des grandes entreprises par exemple. Et, aujourd'hui encore, nombre de processus de décision sont fondés sur des données qui sont vieilles de plusieurs mois, parfois de plusieurs années. Il est généralement impossible de réagir en temps réel. Il est encore moins possible de faire des interactions de données « fraîches », issues de départements

1. Les gouvernements et organismes paragouvernementaux représentent un challenge tout aussi important, sinon supérieur en termes de potentiel d'efficacité. On concevra que la réforme et la mise en œuvre de systèmes informatiques propres à gérer efficacement les données sera, plus encore que dans les entreprises, un objectif extrêmement ambitieux et difficile à atteindre.

différents. Un agent du centre d'appels d'une entreprise d'e-commerce est le plus souvent incapable de savoir quel est le produit qu'est en train de regarder l'internaute sur son site Web et sur lequel celui-ci souhaite avoir des informations complémentaires[1]. Il s'agit pourtant de technologies qui permettraient de faire gagner un temps précieux à l'usager.

D'une façon plus générale, une organisation centrée sur les data permet de mobiliser celles-ci facilement, en fonction d'enjeux qui peuvent être très contextuels : le rappel d'un produit pour des causes sanitaires complexes, l'optimisation des stocks d'intersaison en fonction de l'historique connu corrélé du changement climatique, etc. La vitesse est un défi majeur pour les organisations, car celle-ci leur impose à la fois de revoir leurs processus, mais également de faire des investissements technologiques importants pour parvenir à récupérer et à traiter les données en temps quasi réel ou réel.

Variety, car lorsque l'on dispose d'un accès aisé à une large variété de données, ainsi que d'une grande capacité à faire des traitements algorithmiques sur ces données, on peut trouver des informations essentielles dans leur mise en corrélation. Aux États-Unis, les polices de Santa Cruz ont superposé des données particulièrement variées, comme la structure architecturale des différentes zones urbaines, l'historique

1. Même lorsque l'internaute est « loggé », sur un site ou une app, il est surprenant de voir que ces informations ne sont pas recoupées avec les fonctions support ou de service après-vente. La capacité des fonctions support à accéder à un profil unique du client est généralement limitée par différents types de contraintes : 1. d'organisation (le département Internet est différent de celui qui traite le *offline*) ; 2. de technologies (qui sont insuffisantes pour traiter de grands volumes) ; ou encore 3. légales (la régulation ne permet pas de regrouper toutes les données sans un consentement explicite du consommateur).

des délits commis, la météo et de nombreux autres facteurs. Une analyse poussée a permis de définir un modèle qui permet de répartir de façon optimale les forces de police, aboutissant à une diminution (à ce jour non chiffrée de façon indépendante) du nombre de délits. Parfois, les jeux de données que l'on peut étudier de façon simultanée peuvent dépasser la dizaine de milliers. Ce type d'exercice est presque impossible à faire avec des méthodes traditionnelles tant il est répétitif et tant les signaux faibles sont difficiles à détecter.

À cela, certains ont coutume d'ajouter un quatrième V pour « Valeur » et parfois même un cinquième pour « *Veracity* ». L'importance de ces deux V peut être largement débattue. Concernant le premier, l'un des aspects notoires des data, c'est que l'on ne connaît pas nécessairement *a priori* le trésor qui se cache en leur sein. Une suite, en apparence de faible importance, peut se révéler très riche en signaux : qui sait si l'analyse des répliques sismiques d'un tremblement de terre ne révélera pas l'existence d'une importante poche d'eau ou de pétrole ? Ce cas est ici évoqué, car l'analyse des données issues du tsunami de Fukushima semble révéler des anomalies qui suggèrent que la structure du manteau rocheux sous le Japon est loin de ressembler à celle qu'avait élaborée la communauté scientifique. Quant aux données « vraies » ou « fausses », il y a également débat, car le fait de mettre en œuvre des outils de Big Data permet souvent de qualifier la qualité des données. Si un jeu semble dispersé, il est parfois possible de s'en apercevoir rapidement grâce à quelques traitements, au demeurant assez simples à effectuer.

Fort de ces notions, la promesse du Big Data peut ainsi se résumer à trois « moments », eux aussi fondamentaux : *révéler*, *prédire* et *réagir*.

Révéler

Évidemment, affirmer qu'analyser les données est important est en soit un poncif assez grossier. Pour autant, on serait étonné de connaître, entreprise par entreprise, le taux d'exploitation qui est fait des données propres à chacune d'entre elles. De façon presque systématique, les données restent utilisées aux fins d'un usage unique. Une donnée de stock permettra de décider de l'instant propice pour réapprovisionner le stock en question, elle ne servira que rarement à calculer la saisonnalité de ses ventes, sauf, évidemment, sur les produits les plus susceptibles d'être soumis à la météo. Une donnée d'absentéisme du personnel ne sera que rarement mise en regard avec l'atteinte des objectifs qualitatifs : savoir par exemple si les clients apprécient l'offre de l'entreprise. Nombreux sont ceux qui contesteront cette analyse. Pourtant, les consultants en Big Data le confirmeront : ils ne cessent d'observer la faible utilisation des données et l'absence de partage de celles-ci d'une division à l'autre. Il semble que, souvent, les entreprises fonctionnent comme si la valeur venait en grande partie du fait que les données étaient jalousement gardées par celui qui en a la responsabilité, alors que c'est évidemment tout le contraire. Certes, il y a des enjeux de sécurité, que l'on ne peut pas balayer d'un revers de la main, mais ce n'est pas parce que les données circulent qu'elles sont nécessairement accessibles par les concurrents ; et de surcroît, avoir à l'esprit que les concurrents peuvent, quant à eux, utiliser une approche transversale pour créer de la valeur devrait également être une préoccupation des directions d'entreprises qui utilisent ce prétexte pour ne pas agir.

Pour autant, c'est un fait, les systèmes de traitement de données des entreprises sont généralement dépassés par les quantités de nouvelles data qui sont créées et ne les mettent en œuvre que dans le cadre strict pour lequel elles ont été conçues.

Les modèles d'analyse de type Big Data permettent donc de « révéler » des informations d'un type entièrement nouveau : entre l'activité *online* et *offline* d'un distributeur, entre le nombre d'accidents de la route et l'éblouissement solaire (et donc la hauteur et la position du soleil), entre la fréquence des pannes et le taux de primes distribuées aux réparateurs chez un ascensoriste, et ainsi de suite. Ces informations sont parfois sans valeur, mais parfois également, elles permettent d'initier des stratégies qui vont permettre une amélioration sensible du produit ou service fourni.

La « révélation » peut prendre de nombreuses formes. Il peut s'agir de mettre précisément en valeur un signal connu – l'impact de la météo sur les ventes, par exemple – mais que l'on a du mal à quantifier précisément. Plus souvent, il s'agit d'identifier des opportunités que l'on aurait eu du mal à créer soi-même. Samsung travaille ainsi à un générateur de recettes, à partir des signaux des caméras qui filment l'intérieur de ses réfrigérateurs et évaluent les produits à utiliser en priorité. Les modèles et systèmes qui permettent de révéler des informations sont très variés. Il peut s'agir d'algorithmes, mais à d'autres moments la révélation proviendra de l'observation de data-visualisation, de présentation des données sous une forme visuelle qui met en évidence certaines informations. Présentées en lignes et en colonnes, les données ont souvent du mal à « parler », car il est nécessaire de transcrire des chiffres en tendance et en valeur relative à d'autres chiffres. Lorsque cet exercice se traduit sous forme de « radar » ou de carte de chaleur, par exemple, il est fréquent que l'opérateur voie soudain des évidences qu'il n'avait jamais perçues auparavant. Souvent d'ailleurs, seul un opérateur parvient à rattacher la signification d'une courbe à un événement externe, dont on ne trouve la trace dans aucun des jeux de données étudiés. C'est pourquoi la data-visualisation reste, pour l'instant, l'un des moyens les plus efficaces pour faire parler les données ; il s'agit là d'une discipline relativement récente et le choix des visualisations est déterminant dans la mise en évidence des événements que l'on pourrait chercher.

Un écueil fréquemment rencontré dans la compréhension, en matière de Big Data, consiste à vouloir identifier les causes qui se cachent derrière la révélation. Or la notion de causalité en Big Data n'existe tout simplement pas, car la machine n'a aucune capacité à tracer des liens de cause à effet. Elle ne fait que mesurer des corrélations, qui se reproduisent à un niveau plus ou moins élevé. Cela représente une limitation très conséquente des données : quelle que soit l'évidence qu'elles évoquent, nous le verrons plus loin avec l'exemple de la médecine, nombreux sont les cas où les décisions sont impossibles à mettre en œuvre tant que la justification par l'identification de la cause n'aura pu être faite.

Prédire

Il est nécessaire de le dire d'entrée : le Big Data n'est pas en soi une discipline dédiée à la prédiction, mais plutôt à l'analyse brute de grandes quantités de données. Dans bien des cas, ces analyses sont en elles-mêmes suffisantes pour permettre – on vient de le voir – d'en extraire des informations de qualité, dont on pourra faire immédiatement usage. Ainsi, par exemple, dans le monde médical, des recherches de marqueurs pathogènes dans les analyses médicales d'un grand nombre de patients : le fait de savoir que ceux d'entre nous qui ont été exposés à un environnement particulier sont plus atteints par une maladie particulière est, en soi, un enseignement de valeur qui permet de réagir.

Dans un très grand nombre de cas, la possibilité de prévoir des tendances générales, de disposer de probabilités de comportements individuels serait d'un intérêt considérable. Si l'on prend l'exemple du marketing, savoir qu'un client va déménager, qu'il va changer de voiture, qu'il pourrait cesser d'utiliser un produit ou service représente bien évidemment des informations déterminantes et de nature à accroître sensiblement la qualité de service qui pourrait lui être fournie. Or, de l'analyse découle assez naturellement la prédiction ; et le Big Data offre l'opportunité d'anticiper les nouvelles tendances d'un marché. Des technologies dérivées de celle du Big Data permettent de prévoir des événements structurants avant qu'ils ne surviennent – c'est ce que les Anglo-Saxons appellent communément le *predictive analytics* – et qui deviennent de plus en plus importants pour tout type d'acteurs économiques. Le Big Data, expliqué à quelqu'un du marketing, c'est l'analyse des tendances et la détection de nouveaux marchés.

Il est fascinant de discuter avec un restaurateur disposant d'un peu d'expérience. Des affirmations du genre : « Ce soir, il y a un match important et il fait beau. Si on gagne, ça va être salle comble, surtout à la terrasse » sont courantes. Certains sont même capables d'extrapoler les plats qui seront les plus populaires en fonction de l'heure de remplissage ou encore du temps qu'il fait. Pour autant, tout le monde ne dispose pas d'une activité où la prédictibilité est aussi aisée que dans la restauration. Il en résulte des pertes d'efficacité très importantes : stocks inutiles, mobilisation inadéquate de personnels, dépenses inappropriées, etc.

Il existe de très nombreuses manières de construire des scénarios prédictifs. On considère généralement qu'une dizaine de modèles mathématiques peuvent en générer : stochastique, statistique ou autre. L'on combine désormais de plus en plus fréquemment ces modèles entre eux pour permettre un résultat optimum. Maintenant qu'il est possible de « réunir » et d'analyser de très grandes séries de données, et d'effectuer des recherches de corrélation, on arrive plus aisément à détecter des *patterns* ou des « formes » signifiantes et reproductibles.

Mais d'autres modèles mettent en œuvre des systèmes multifactoriels qui font également appel à la comptabilisation de flux sémantiques. Une start-up de Boston, Recorded Future[1], fait ainsi des opérations de lecture des prédictions jetées sur le Web ou dans les réseaux sociaux afin de prédire le futur : elle recherche des informations liées aux mots clés demandés, classe des informations par type de réponse (positif-négatif-neutre) ; ensuite, elle va en mesurer la quantité dans le temps ; puis elle va comparer l'évolution de ces tendances avec la survenance des événements recherchés. À partir des résultats, elle pourra définir les moments favorables à l'apparition de ce type d'événements. Recorded Future travaille sur des prédictions aussi étonnantes que celles des attaques de sites Web, de banques, ou celles de l'évolution d'une société et de ses concurrents.

Le champ de l'*open source* dispose également d'un langage de programmation dédié à l'analyse prédictive. Lancé en 1993 par le statisticien John Chambers

1. Recorded Future Inc. : www.recordedfuture.com.

(qui contribua également à l'invention du fortran, vingt ans plus tôt), le projet R vise à permettre aux développeurs de disposer d'un environnement de travail particulièrement puissant en ce qui concerne l'analyse prédictive. Des fonctions spécifiques ont ainsi été développées pour faire des modèles bayésiens, de l'économétrie, des modèles de régression linéaire et, bien entendu, des analyses massivement multivariées. Depuis l'émergence de Hadoop*, R connaît une nouvelle jeunesse et la communauté *open source* s'est largement attachée à le rendre aisément utilisable dans l'environnement Hadoop*. Rhadoop est ainsi un environnement R compatible Hadoop, même si, du fait d'une communauté encore restreinte, ses fonctionnalités restent limitées. Nul doute, cependant, que la puissance prédictive, associée au potentiel de gestion de données de Hadoop*, devrait connaître un développement important et devenir un standard de référence dans les prochaines années.

Si les assurances ne disposent pas d'autant de données que les banques, beaucoup d'entre elles ont, dans le domaine de l'automobile, mis au point des offres permettant d'accroître leur capacité de prévoyance de sinistres et, ainsi, d'améliorer drastiquement leur gestion des risques. Nombreuses sont celles qui proposent des tarifs compétitifs à la condition que l'automobiliste accepte d'installer un petit boîtier dans son véhicule. Ce dernier transmet l'ensemble des paramètres de conduite à l'assureur, qui peut adapter ses tarifs en fonction d'un ensemble de paramètres : le nombre de kilomètres parcourus, son mode de conduite, la façon dont il respecte le code de la route, son comportement – les freinages et coups de volant brutaux étant évidemment à proscrire. Tous ces facteurs peuvent être analysés individuellement, mais surtout corrélés et plus encore analysés de façon comparative, pour déterminer avec une grande précision quels sont les comportements réellement dangereux et non ceux qui paraissent l'être. Beaucoup verront évidemment dans cette approche le début d'un projet de société dictatoriale. Si ce peut être éventuellement le cas, on ne peut nier aussi le potentiel d'amélioration qui peut exister en permettant de prévenir de façon pédagogique ceux dont les comportements mettent en danger eux-mêmes ainsi qu'autrui.

Ces analyses prédictives donnent par ailleurs des résultats spectaculaires. Dans le domaine de la grande distribution, lorsque l'on sait que le coût des stocks est l'un des postes de charges les plus importants, disposer d'outils prédictifs des ventes fondés sur un ensemble de paramètres constitue un facteur déterminant du succès de l'activité. Dans le domaine de la météo, l'ajout de nouveaux facteurs, comme la température des océans profonds, permet d'accroître sensiblement la qualité des prédictions. D'une façon plus générale, il est difficile d'imaginer à quel point les outils prédictifs peuvent permettre de créer des richesses simplement en optimisant l'alignement d'une offre exprimée avec la demande ou en optimisant l'ensemble des facteurs favorables à la matérialisation d'une richesse.

Récemment, on a vu le géant des semences, Monsanto, racheter pour 930 millions de dollars une petite entreprise californienne de Big Data (The Climate Corporation) spécialisée dans l'analyse prédictive, en particulier dans le domaine de la météo. L'objectif de Monsanto[1] est évident : ce n'est plus tant la vente de semences qui l'intéressera à terme, mais la possibilité de conseiller de façon optimale les

1. Nous évoquerons en détail cet objectif plus loin, dans le chapitre « Agriculture, environnement et complexité ».

agriculteurs sur la façon d'obtenir des rendements aussi élevés que possible. Il ne s'agit pas là uniquement de services météo labélisés Monsanto, mais de prédiction multifactorielle, intégrant la météo, la pluie, l'hygrométrie, la température, mais aussi des facteurs plus complexes, comme les migrations d'oiseaux, la survenance de parasites, d'insectes, qui interagissent entre eux de façon très significative.

Il est intéressant de noter que The Climate Corporation édite ses services par l'intermédiaire d'une plateforme Saas*, ce qui facilitera d'autant son accès à un grand nombre de consommateurs, ce qui est compatible avec l'ambition globale de Monsanto. Cette plateforme est d'un niveau technologique avancé, à même de produire une prédiction très fine de rendement, acre par acre[1]. L'objectif annoncé est de proposer des produits d'assurance pour les agriculteurs selon les risques météorologiques. Néanmoins, cela ouvre également des opportunités considérables pour Monsanto dans l'anticipation de la production agricole, et donc dans la consommation d'engrais[2], ainsi que pour l'ensemble des produits phytosanitaires agricoles.

Au-delà de la volonté même d'analyser, la tendance inéluctable des sociétés les plus en avance d'un point de vue conceptuel et technologique consiste non plus à vendre un bien ou même un service, mais plutôt à définir quelle est la finalité de leur mission. Il est opportun de souligner combien cette approche va progressivement révolutionner l'ensemble des processus de création de valeur pour les entreprises. L'objectif

1. Un acre équivaut à 0,404 hectare environ.

2. L'auteur n'ignore pas les préoccupations éthiques qui entourent Monsanto, et cet exemple n'est énoncé ici que pour démontrer le potentiel d'une utilisation efficace des corrélations de données.

d'un marchand de matelas n'est pas de vendre des matelas, mais bien d'offrir un sommeil de la meilleure qualité possible. Coupler la vente du matelas avec des systèmes d'analyses du sommeil (des capteurs dans le matelas par exemple) peut être déterminant en matière de création de valeur. Aux États-Unis, cette approche est désormais clairement identifiée. Elle tarde à l'être en Europe et en France. Il semble en effet que la nécessité d'atteindre une taille critique soit un élément fondamental pour réussir à disséminer l'expertise technologique auprès de l'ensemble des utilisateurs potentiels. Le fait que l'État américain ait doté ses services de renseignements d'experts en Big Data et en analyse prédictive ou encore que certains États, comme le Nevada, favorisent les initiatives liées à cette discipline montre bien l'écart entre ce qui se passe outre-Atlantique et ce qui prévaut sur le vieux continent.

Réagir

La réaction est probablement l'un des aspects, si ce n'est l'aspect le plus fascinant des disciplines connexes au Big Data. Parfois aussi l'un de ceux qui nous inquiètent lorsque l'on accepte de déléguer aux machines des décisions fondamentales. La réaction en Big Data repose largement sur ce que l'on appelle désormais les *learning machines** – des principes qu'il est parfois difficile de distinguer de l'intelligence artificielle (A.I.). Et il est vrai que la différence est ténue ; sans doute pourrait-elle s'exprimer dans le fait que le Big Data a défini des méthodes d'analyse faisant plus systématiquement appel à des traitements de données hétérogènes – la variété dont il est question plus haut. De fait, le Big Data décuple le potentiel de l'A.I : auparavant, ses modèles étaient limités par la nécessité de traitements en temps réel, forcément réduits en quantité par le temps de calcul, mais aussi par une limitation des données disponibles dans un laps de temps nécessairement très court. Le Big Data accroît le potentiel de l'intelligence artificielle en ce sens qu'il permet une accélération des calculs et une décentralisation de ceux-ci. La qualité de la décision s'en trouve fortement accrue, parce que le corpus de référence est sans commune mesure avec ce qu'il était possible d'analyser auparavant et les signaux permettant de prendre une décision effective sont évidemment plus facilement mis en exergue.

Dans de nombreux cas, les *learning machines** sont mises en œuvre dans des boucles de réaction relativement simples : mettre en place des stratégies de prix dynamiques *(dynamic pricing)* ou encore gérer les risques de fraude dans les systèmes de paiement en ligne, en fonction de paramètres nombreux et en temps réel *(fraud management)*[1]. L'usage de *learning machines** est plus troublant lorsqu'elles sont directement en interface avec les individus et interagissent avec nos processus cognitifs. Ainsi, c'est dans le domaine du jeu en ligne que les premières expériences à large échelle ont été mises en œuvre : une entreprise comme Zynga, sans doute la plus importante plateforme au monde de *online gaming* – jeu en ligne – a développé des cinématiques de jeu totalement adaptatives. Quels que soient le niveau et la dextérité du joueur, la réactivité et la complexité du jeu s'adaptent pour que chacun puisse y trouver son compte. Il est ainsi possible d'adapter exactement le

1. Voir par exemple ce que fait Palentir.com dans le domaine de la qualification du risque. « JP Morgan Chase Uses Palentir, Quantifind for Big Data risk strategy », *Payments Journal*, 14 décembre 2012.

gameplay au joueur. Par exemple, dans les premières phases du jeu, un joueur qui aura une capacité de réaction de l'ordre de 230 millisecondes, verra le jeu réagir à cette vitesse pour que le niveau d'échec soit le même que celui d'un joueur qui réagit en 540 millisecondes. Mais ce n'est pas tout, certains joueurs ont de bons réflexes mais n'ont pas de bonne stratégie de jeu. Il faut, dans ce cas, créer un deuxième système de notation qui prenne en compte cet aspect. Chaque joueur dispose ainsi d'une notation totalement personnalisée et individuelle, qui permet d'optimiser l'interaction entre la plateforme et celui-ci. Cela permet de limiter fortement l'attrition lors des premières minutes de jeu – soit la propension d'une partie des joueurs d'abandonner la plateforme, par manque d'intérêt.

Le potentiel de ces *learning machines** fait l'objet d'une attention particulière au sein du Media Lab, un laboratoire du Massachusetts Institute of Technology (MIT), et aussi probablement au sein des équipes de développement des systèmes d'exploitation de smartphones de Google et d'Apple. Quiconque y fera une visite, même brève, comprendra clairement que cet axe de travail est prioritaire au vu du nombre d'équipes qui travaillent, de même que la disparition des apps qui caractérisent notre smartphone. Bien entendu, les commandes vocales des Google Glass et de Siri[1] vont progressivement réduire le recours à l'interface visuelle, mais pour autant, elles ne représentent pas une rupture : nous continuons à commander notre smartphone, à lui dire quoi faire. La rupture en matière de *learning machine** s'affirmera lorsque celle-ci prendra des initiatives. Vous sortez de chez vous avec vos baskets munies de capteurs ?

1. Siri est le système d'exploitation vocal des iPhones et iPads.

Cela signifie que vous allez courir ; elle prépare donc la playlist que vous écoutez généralement lorsque vous faites du sport. Mieux : elle ajoute à celle-ci des titres que vous êtes susceptible d'apprécier et prévient votre femme que vous n'aurez probablement pas le courage de ressortir promener le chien ! Vous entrez dans un restaurant ? Elle en affiche le menu sur votre smartphone et vous suggère les plats les plus appropriés en fonction du temps dont vous disposez pour déjeuner, de votre budget, de vos contraintes diététiques, etc. Cela semble assez théorique ; pourtant, c'est exactement ce que pourrait permettre une utilisation massive des data couplée aux technologies des *learning machines**. On imagine généralement qu'il se passera probablement des décennies avant que ces technologies soient matures. Pourtant, toutes ces données sont déjà plus ou moins disponibles : nos agendas électroniques savent où et quand se situe notre prochain rendez-vous, le temps qu'il faudra pour nous y rendre ; nos comptes bancaires sont à présent accessibles grâce à des formats ouverts de données ; notre poids et notre masse graisseuse sont désormais connus et accessibles grâce à des balances connectées de type Withings.

Manipuler des données : enfer et paradis

L'autre grande réserve généralement énoncée à l'égard des données, c'est la difficulté qu'il y a à les mettre en œuvre. Les systèmes informatiques sont connus pour être difficiles à connecter et des opérations simples d'interfaçage prennent parfois des années, nécessitant une intense planification. Mais il ne faut pas se méprendre : le Big Data n'est pas une évolution « normale » du monde numérique. Il ne représente pas une progression, mais plutôt une rupture, et dans le monde même de la technologie, rares sont ceux qui en maîtrisent les notions et les modalités de déploiement. On l'entend souvent : les coûts de détention et d'administration des systèmes informatiques deviennent progressivement insoutenables avec les systèmes traditionnels et c'est pour y faire face que les infrastructures à base de Big Data ont été créées. Cependant, ce nouveau paradigme numérique va imposer aux très grands éditeurs informatiques, comme à beaucoup de petits, de repenser en totalité leur offre produit. La disparition des silos, la centralisation des données, leur virtualisation ont un impact significatif sur le fonctionnement des entreprises.

2

Vivre mieux et en meilleure santé

La fin du système de santé, tel que nous le connaissons

C'est plus qu'une hypothèse : il suffit de se rendre dans un service d'urgence pour en faire le constat. La qualité de notre médecine ne cesse de se dégrader. De déremboursement en déremboursement, nombreux sont ceux qui ne parviennent plus à se soigner convenablement. En conséquence, ils se rendent aux urgences, où seul le ticket modérateur est dû, pour des services qui restent malgré tout d'assez bonne qualité.

Il faut l'admettre : la santé dans l'ensemble des pays riches (ceux de l'OCDE) ne se porte pas au mieux. Plusieurs études pointent du doigt le fait que dans certaines catégories sociales, on observe une diminution de la durée de vie en bonne santé[1] ; une première depuis l'émergence de la médecine moderne. De nombreux signes montrent que le système est à bout de souffle. Malgré des budgets de plus en plus importants, la qualité ne suit pas. Au sein de l'OCDE, on estime que de 10 à 17 % des diagnostics médicaux sont tout simplement erronés, avec tous les risques que cela induit pour les patients[2]. En

---

1. Voir les travaux de l'Ined et de l'OMS sur : www.ined.fr et : www.oecd-ilibrary.org.
2. « Diagnostic Errors are the most common type of Medical Mistake », *Time*, avril 2013.

France, nous dépensons près de 12 % du PIB dans le système de santé – 240 milliards – une somme à rapprocher de ce que coûtent les services de l'État (360 milliards). La principale différence entre les coûts de l'État et du système de santé c'est que l'un n'augmente que de 0,8 % par an (soit moins que l'inflation) tandis que l'autre augmente de 4 % par année ; une augmentation tout simplement insoutenable sur le long terme, surtout lorsque l'on sait que la croissance économique n'est, depuis quelques années, que rarement supérieure à 1 %.

Pas de nouvelle stratégie de santé

Pour autant, dans l'ensemble des pays développés, les perspectives de réformes sont faibles ; elles concernent plus le déremboursement de médicaments – une bonne chose lorsque l'on sait que la France rembourse à taux plein environ 2 700 médicaments, pour une moyenne de 500 dans l'OCDE – et de certains actes qu'une modification structurelle de fond. En France également, le projet de dossier médical personnalisé (DMP) est à l'arrêt. Tout au plus encourage-t-on du bout des lèvres l'hospitalisation à domicile, moyen de désengorger des hôpitaux de plus en plus mobilisés.

La perspective n'est donc pas joyeuse : avec un vieillissement accéléré de la population, les besoins sont immenses et le financement de la solidarité est loin d'être assuré. Certaines études britanniques – que l'on pourrait raisonnablement transposer chez nous – évoquent un coût supplémentaire de 4,5 % du PIB pour le grand âge à partir de 2040. Un montant insupportable pour un modèle social qui craque déjà de partout.

Les réflexes culturels d'un corps de métier pluricentenaire n'aident certainement pas à la réforme. Le secteur de la santé est nettement à la traîne derrière les industries dans l'utilisation du numérique et, plus encore, dans celle de systèmes fondés sur l'utilisation de grands volumes de données, alors qu'ils ont un potentiel des plus élevés. Une partie du problème provient clairement d'une culture médicale qui a privilégié l'autonomie des acteurs, et le jugement clinique du *docteur* comme valeur suprême. En conséquence, le monde de la santé a sous-investi dans les technologies de l'information en raison de rendements jugés incertains. On sait que les médecins ont mis un temps considérable à adopter la carte Vitale et encore aujourd'hui seule une minorité d'entre eux utilisent l'aide d'outils informatiques de façon systématique.

En réalité, notre système de santé « moderne » repose largement sur deux notions : la chimie, ou encore l'utilisation massive de médicaments, et la médecine post-traumatique, soit la médecine qui ne s'applique qu'aux gens malades.

En ce qui concerne les médicaments, la France les rembourse pour environ 70 milliards d'euros chaque année. Ou encore plus de 1 000 euros par Français, une forme de record mondial. En soi, il n'y aurait là rien de critiquable si l'on pouvait démontrer que c'était efficace. Or, tout semble indiquer que ces médicaments n'ont pas que des vertus, loin de là. Ainsi, alors que l'Organisation mondiale de la santé estime que la pharmacopée des systèmes de santé nationaux devrait idéalement inclure 350 molécules[1] (soit à peu près le même nombre de médicaments), en France, on rembourse totalement ou partiellement près de 9 000 médicaments et significativement plus

1. Voir www.who.int/mediacentre/factsheets/fs325/fr/.

de protocoles médicaux[1]. Beaucoup d'indicateurs permettent de penser que la très grande majorité d'entre eux sont largement inefficaces. Une étude italienne de 2001 démontre que sur une pharmacopée de 800 molécules remboursées, près de 300 sont très faiblement ou pas efficaces, et 300 autres sont modérément efficaces. En conséquence, en 2011, la commission des Affaires sociales de l'Assemblée nationale (française) a estimé qu'au moins 150 000 personnes sont rendues malades chaque année par des effets secondaires ou des surdosages dus aux médicaments et que, de surcroît, 34 000 personnes, « voire plus », meurent chaque année de la même cause[2]. Aux États-Unis, différents travaux ont démontré qu'une prescription médicamenteuse sur trois créera des effets secondaires plus ou moins significatifs. Ceux-ci vont de maux gastriques, lorsque l'on prend un antibiotique par exemple, à des cancers qui se déclareront des décennies plus tard. Évidemment, les liens de causalité sont particulièrement difficiles à établir lorsqu'un grand écart de temps sépare la prise d'un médicament donné avec la déclaration d'un symptôme. Rares sont les cas, comme celui du Mediator pour lequel les pathologies – graves – étaient tellement systématiques qu'elles ont été à l'origine d'un scandale national. Cependant, des liens de plus en plus avérés apparaissent. Ainsi, on suspecte les benzodiazépines d'être l'un des premiers facteurs à l'origine de la maladie d'Alzheimer[3]. Il est probable que des centaines, peut-être des milliers, d'interactions de cette nature existent, sans que l'on

1. « Médicament : Montebourg en sous-dose », *Journal du dimanche*, 6 octobre 2011.

2. « Médicaments : entre 13 000 et 34 000 morts chaque année en France », Ouvertures.net, janvier 2012.

3. *British Medical Journal* : publication du professeur Begaud, octobre 2012.

puisse les identifier de façon certaine ou même probable, étant donné le fonctionnement du système actuel de la médecine. Il faut évidemment se garder de tout jugement hâtif. Pourtant, il est difficile de ne pas rappeler qu'en France, nous passerons en moyenne les quatorze dernières années de notre vie affublés de maladies chroniques et que nombre d'entre elles pourraient avoir un lien de cause à effet, partiel ou total, avec des thérapies mises en œuvre des années ou des décennies auparavant. Il faut honnêtement admettre qu'il n'y a pas encore de consensus clair à cet égard. Et pour cause : les données manquent cruellement pour permettre de valider de telles hypothèses. Les comparaisons entre pays donnent de troublantes indications : ainsi à l'égard des benzodiazépines, le taux d'Alzheimer varie fortement en fonction de la quantité de consommation de ces molécules. L'industrie médicale se défend avec véhémence et on ne peut pas totalement éliminer d'autres facteurs environnementaux. La seule conclusion qui s'impose concerne la nécessité d'utiliser plus largement les data pour avoir une meilleure compréhension de ces corrélations et, si possible, en déterminer la cause.

La seconde caractéristique de notre système de santé concerne sa nature post-traumatique. Seuls 3 % des dépenses de santé visent des actions préventives[1]. Pour tout le reste, on attend tout simplement que l'on tombe malade avant d'envisager quoi que ce soit. Pourtant, il est évident que traiter préventivement pourrait être autrement plus efficace. Les campagnes de vaccination de la grippe en sont un exemple : entre le coût d'un vaccin à quelques euros et l'impact social d'un malade (visite du médecin,

1. Voir le rapport du Sénat sur le projet de financement de la Sécurité sociale dans le cadre du vote du budget 2011.

traitement médical, arrêt de travail, perturbation sur l'environnement), le coût est sans commune mesure. C'est évidemment encore plus vrai dans le cas d'un cancer, dont le traitement peut facilement coûter plusieurs dizaines, voire centaines de milliers d'euros, et dont le dépistage ne coûte qu'une sous-fraction de ce montant. Pour autant, aucune tentative sérieuse de massifier les systèmes de prévention n'a jamais été faite en France.

Quiconque se pencherait un instant sur le système de santé français – qui en soi n'est pas fondamentalement différent de celui de nombreux autres pays occidentaux – en ayant quelques connaissances de base en sciences et en technologies ne pourrait manquer de percevoir l'irrationalité marquée de ce dispositif. Sans même en venir à évoquer les Big Data, le fait de disposer de data, autrement dit de l'historique médical d'un patient, permettrait d'en améliorer très sensiblement le sort. Savoir par exemple que quelqu'un ne contracte jamais la grippe permettrait de l'exclure des campagnes de vaccination et, par contraste, d'inclure ceux qui y montrent une sensibilité particulière.

De même, en ce qui concerne les antécédents familiaux, de cancers ou d'allergies par exemple. Mais plus encore, nous pourrions adapter les dosages des médicaments de façon personnalisée, en disposant de l'ADN du patient, celui-ci permettant de déterminer – entre autres – sa sensibilité à certaines molécules.

Un océan d'opportunités

Concédons-le tout de suite : en matière de santé, il n'existe encore que peu de démonstrations évidentes et factuelles à base de Big Data, sans que cela n'amenuise pour autant le potentiel de celles-ci.

Aujourd'hui encore, les data qu'utilise réellement le corps médical sont extrêmement limitées : un bref résumé de la vie du patient, quelques informations sur les principales maladies qu'il a connues, la mesure du pouls, de la tension, complétés d'examens médicaux coûteux, si nécessaire. Le corps médical estime qu'une majorité des patients omet de transmettre des informations essentielles qui auraient abouti à poser un diagnostic différent. Les enquêtes concernant les accidents médicaux sont édifiantes : ici, c'est un patient qui est mort en raison d'une allergie à un médicament pourtant identifiée une dizaine d'années auparavant. Là, c'est un autre qui a eu un grave accident cérébral car, contrairement à ce qu'il affirmait, la chronicité de ce type d'accident dans sa famille était très significative, et il n'a donc pas été surveillé de façon assez attentive. Nombreuses également sont les analyses qui contredisent les déclarations des intéressés : un patient fumait un paquet de cigarettes par jour – ce que la radio révélera plus tard – alors qu'il prétendait ne fumer qu'occasionnellement, etc.

Pourtant, ces données existent bien ; elles ont été créées par le corps médical, mais elles sont souvent éparses. Dans le dossier d'un patient, un interne de médecine avait soigneusement noté, des années auparavant, qu'il semblait ne pas bien supporter une certaine catégorie d'histaminiques ; mais l'information s'est perdue, enfouie dans un document bien rangé à l'hôpital ou aux tréfonds d'un tiroir chez le patient, et l'accident pourtant évitable est arrivé.

Nos vies numériques disent tout de nous ; elles tracent nos déplacements, nos habitudes alimentaires, nos sports favoris et même notre état corporel, notre santé. Extrêmement précieuses, elles ne sont pourtant utiles à personne. Elles pourraient l'être au patient, mais aussi à l'ensemble de la collectivité, qui pourrait s'en servir pour effectuer des traitements statistiques. Nous produisons depuis longtemps beaucoup de données qui ont un intérêt médical certain. Comme nous l'avons vu, le service Google Flu peut rapporter de façon très précise quel est le niveau de progression de la grippe, n'importe où sur terre. C'est exactement le même processus qui permet à Bing, le moteur de recherche de Microsoft, de détecter des interactions médicamenteuses néfastes. En examinant des requêtes d'internautes, des chercheurs de Yahoo ! et Microsoft ont été capables de découvrir qu'un médicament, associé avec un autre, avait des effets secondaires inconnus. Absorbés ensemble, ces médicaments provoquaient maux de tête et saignements, et les gens ont cherché à se renseigner sur Internet pour découvrir des contre-indications. Dans la mesure où cette interaction n'était ni connue ni documentée, ils n'ont rien trouvé. Toutefois, il a été possible de faire un lien entre les médicaments et les symptômes. Lien de type « signal faible », qu'il aurait probablement été particulièrement difficile à faire avec des moyens d'analyse traditionnels. L'analyse sémantique n'en reste pas moins jusqu'à présent largement sous-utilisée en matière médicale.

Nos téléphones mobiles sont également une source précieuse de données : ils enregistrent en permanence le lieu où nous nous trouvons, à quelle vitesse nous nous déplaçons et beaucoup d'autres informations encore. Bien entendu, l'utilisation de ces informations sensibles ne devrait pouvoir se faire sans le consentement explicite du patient, mais sous cette condition préalable, l'exploitation de ces données serait certainement une source d'information extrêmement précieuse pour le corps médical. Il y aurait là une occasion de disposer d'une connaissance très précise du mode de vie de chacun d'entre nous et, à terme, la possibilité de relever des données médicales en grand nombre. Les quelques expérimentations en gros volumes qui ont été faites dans le monde sont très prometteuses. Cela fait ainsi plusieurs décennies qu'IBM explore la voie de l'analyse des grandes quantités de données. Depuis quelques années, cette société expérimente Watson, un ordinateur spécialement conçu pour avoir un mode de réflexion proche de celui de l'homme, dont la force est d'être capable d'ajuster et de corréler de très nombreux paramètres. Dans le domaine de la santé, Watson est principalement utilisé à des fins de diagnostic : il intègre les remarques du praticien, les entrevues avec le patient, les antécédents familiaux, des résultats d'analyse provenant de multiples sources. Il peut ensuite engager une discussion avec un médecin, pour affiner de façon collaborative le diagnostic le plus vraisemblable et les options de traitement.

Watson est également capable de faire des analyses de radiographie ou IRM en appuyant son diagnostic sur la comparaison de cas particuliers par rapport à des millions d'autres examens du même type. En optimisant sa recommandation dans un univers multifactoriel, Watson devrait être capable de trouver un compromis en examinant, par exemple, les avantages et inconvénients d'un traitement contre le cancer et les solutions de dépistage. Pour être parfaitement efficace, Watson doit cependant disposer d'autant d'informations en amont que possible. Il lui faut donc avoir accès à de vastes bases d'analyse médicale, de recherche scientifique, mais également de connaître aussi finement que possible l'évolution du patient, afin d'adapter ses prescriptions.

Pour l'instant, même si plusieurs hôpitaux, principalement aux États-Unis, ont adopté Watson, celui-ci reste encore un ordinateur ayant le statut d'outil de recherche. Mais le potentiel de ce type d'approche est prometteur. En matière de diagnostic, les approches du type de celles de Watson se révèlent particulièrement efficaces pour détecter des cas improbables, comme des maladies rares. Watson, ou ses équivalents, pourrait donc être un outil assez central de l'écosystème médical qui devrait apparaître dans un futur relativement proche : des capteurs de tous types et en très grand nombre permettraient d'avoir une connaissance beaucoup plus fine non seulement des individus, mais également des sociétés d'individus, en prenant en compte leur mode de vie et leur environnement. Toutes ces données récoltées sur les individus, incluant l'ADN, seraient stockées dans le *cloud*[1]. À partir de celles-ci, il serait possible d'avoir une compréhension très fine des particularités de chacun d'entre nous et de chacune des sociétés humaines (?).

Épidémiologie et A/B testing

En médecine, les méthodes classiques d'analyse statistiques portent le nom d'épidémiologie. Cela consiste, par exemple, à comparer dans une cohorte de données l'efficacité d'un médicament nouveau par rapport à un autre préexistant. Ou encore à vérifier l'efficacité d'un médicament par rapport à un placébo. C'est en soi très proche de ce que l'on connaît au sein des agences digitales, qui mettent en œuvre des

1. Le *cloud* – « nuage », en français – évoque ici une appellation générique pour les applications distribuées depuis une plateforme. Une très vaste majorité de nos données sont aujourd'hui stockées dans le *cloud*, c'est-à-dire au sein des plateformes qui font fonctionner des services évolués d'e-commerce ou de réseaux sociaux.

stratégies dites de A/B testing (test A/B) pour valider ou infirmer une hypothèse. Il s'agit là de comparer la façon dont les internautes se comportent sur une nouvelle page Web, amenée à remplacer une page plus ancienne. Plutôt que de remplacer brutalement la page, on met en ligne les deux pages et on propose alternativement la nouvelle ou l'ancienne aux internautes. Puis on compare les statistiques d'audience (temps passé, lieux où l'internaute clique, etc.) pour finalement retenir celle qui aura démontré la plus grande efficacité.

Dans le domaine médical, les statistiques – ou l'épidémiologie – sont une science ancienne – Hippocrate en aurait initié la discipline – et l'évaluation de l'efficacité des politiques de santé publique repose très largement sur des analyses statistiques. L'inconvénient de cette approche, c'est que l'on y trouve surtout ce que l'on y cherche. À la différence des modèles d'analyse de type non structuré propres au Big Data, lorsque on fait une analyse statistique, c'est avant tout pour étudier un ensemble de facteurs connus. Par exemple, la relation entre un médicament ou un protocole médical et le taux de réadmission dans les services hospitaliers. Il sera plus difficile, voire impossible, de découvrir qu'un médicament, des années après sa prescription, aura provoqué des troubles du sommeil, surtout s'il n'y avait *a priori* aucune raison de suspecter cela.

Il est extrêmement hasardeux à ce jour de prévoir à quel niveau de précision pourraient s'étendre les analyses de signaux faibles. À première vue, le potentiel du Big Data en médecine paraît sans réelle limite. Un thème qui semble passionner la communauté scientifique concerne le potentiel qu'il y aurait à effectuer des analyses de masse sur les réseaux sociaux. En apparence, ceux-ci ne concernent que d'assez loin notre santé : une minorité d'entre nous seulement y évoque un sujet qui relève de l'intime, et encore en termes très généraux. Les réseaux sociaux recèlent cependant de précieuses informations telle que l'heure à laquelle nous nous levons (et donc la durée et la régularité de notre fréquence de sommeil), ce que nous mangeons, la façon dont nous nous déplaçons et une multitude d'autres paramètres d'une grande valeur pour qui sait en tirer parti. Même la façon dont nous écrivons (la vitesse de frappe, le type de mots que nous utilisons et la façon dont ceux-ci peuvent varier dans le temps) peut en dire plus que nous ne le pensons sur nous : sommes-nous moins vifs que d'habitude ? Plus joyeux ? Tristes ? Toutes ces informations, d'apparence anodine, peuvent constituer de précieux indicateurs à même de révéler l'évolution de notre situation médicale. Des sociétés comme Ayasdi, une start-up américaine financée depuis de longues années par le Darpa[1], cherche des corrélations entre ce que nous exprimons sur les réseaux sociaux et notre patrimoine génétique. Est-ce qu'il existe un gène bavard ? Un gène qui nous prédisposerait à plus aimer les photographies que les textes ? Évidemment, on perçoit rapidement le risque éthique qu'une telle démarche peut comporter. Toutefois, ces dimensions de recherches sont au cœur même du projet scientifique et offrent la perspective d'acquérir des informations cruciales sur le fonctionnement de l'être humain.

À ce titre, la surprise pourrait venir d'une nouvelle discipline dans le domaine des sciences du vivant :

1. Defence Advanced Research Project Agency (Darpa) : agence du gouvernement rattachée au ministère de la Défense et dont l'objectif est de financer l'innovation non commerciale dans un but d'accélérer le développement des technologies. Parmi ses « inventions » ou projets financés figurent, par exemple, Arpanet, précurseur d'Internet ou encore le lien hypertexte.

l'épigénétique, découverte à la fin du XXe siècle. On a constaté que des gènes pouvaient être activés en fonction de facteurs environnementaux : la couleur du pelage de certains animaux change en quelques générations ou brutalement, pour s'adapter à la désertification par exemple, en « activant » le gène de la couleur de ce pelage, présent dans leur patrimoine génétique. Or, on s'aperçoit que ces gènes ont des facteurs liés. C'est-à-dire que le gène de la couleur du pelage peut être lié à un autre gène qui n'a que peu à voir avec le pelage. Le monde scientifique envisage d'utiliser le Big Data pour faire en sorte que ces liaisons faibles soient révélées par une analyse minutieuse de nos comportements. En théorie, il pourrait être possible de prédire des faiblesses génétiques rien qu'en observant nos comportements. Ainsi, le fait d'avoir le lobe de l'oreille décollé pourrait être le marqueur qui nous relierait à un patrimoine génétique singulier, nous protégeant ou au contraire nous rendant particulièrement sensibles à certaines pathologies.

Des capteurs et des données

Certes, il s'agit là d'hypothèses et celles-ci poussent à l'extrême le potentiel du Big Data. Mais que dire de la façon dont nous toussons ? Un médecin convenablement formé peut y déceler des indices qui aideront à poser un diagnostic. Mais un ordinateur peut, quant à lui, discerner de multiples formes de toux et envisager des pathologies qu'un être humain n'aurait pas eues à l'esprit. C'est dans cet esprit qu'un scientifique a créé un dispositif très simple pour détecter, de façon précoce, les symptômes de la maladie de Parkinson : un coup de fil de trente secondes suffit à poser un diagnostic avec une fiabilité de l'ordre de

99 % ! De même, Soma, une application en provenance d'Allemagne, analyse la tonalité de votre voix, la qualité de votre sommeil mais aussi la syntaxe de vos courriels. En analysant et en croisant toutes ces données, cet outil est capable d'établir un diagnostic de votre état nerveux et peut même vous proposer des mesures de prévention si vous êtes trop stressé. On peut facilement imaginer tous les types d'analyses de ce type. Par exemple, la façon dont vous faites des photos avec votre smartphone : sont-elles trop éclairées, floues, rouges ? Des photos de paysages, de famille ? Tout cela en dit certainement plus sur vous-même que vous ne pouvez l'imaginer.

Ce n'est pas pour rien qu'Apple vient d'introduire HealthKit dans son système d'exploitation. Cette application pourrait, à terme, gérer l'ensemble des paramètres liés au monde de la santé et du bien-être *(wellness)* : activité physique, poids, pression sanguine, rythme cardiaque, saturation en oxygène, glycémie, rythme respiratoire, hydratation, sommeil et autant d'autres types de contenus que les capteurs seront progressivement capables de produire.

La bataille a d'ailleurs déjà largement commencé : Proteus a ainsi levé des centaines de millions de dollars pour développer un capteur ingestible, qui mesure des dizaines de paramètres généralement très difficiles à acquérir. Biostamp, quant à elle, propose un autre capteur, aussi fin qu'un pansement et de la taille de deux timbres-poste, permettant de surveiller la température, le mouvement, le rythme cardiaque et de transmettre ces données, sans fil, vers les patients et leurs médecins. Les prix de ces capteurs pourraient potentiellement atteindre des coûts de l'ordre de quelques dizaines de centimes. D'autres capteurs permettent de recueillir plusieurs dizaines de paramètres avec une seule goutte de sang ; d'autres encore peuvent pratiquer l'électroencéphalogramme avec un niveau de qualité qui n'a rien à envier aux matériels les plus sophistiqués. Tout cela offre la certitude que la médecine est en train de changer de mode de fonctionnement et de mettre les données au cœur de ses processus.

Il importe finalement de comprendre que les machines, aussi peu intuitives qu'elles puissent être, n'en ont pas moins des capacités de comparaison que nous, humains, n'aurons jamais. Elles peuvent centraliser les expériences, non pas d'un médecin en un seul lieu, mais d'une immense quantité de médecins situés en tous lieux ; et au-delà, elles peuvent détecter des signaux là où nous ne penserions percevoir que du bruit. De surcroît, elles sont auto-adaptatives, c'est-à-dire capables d'enrichir leurs bases de symptômes – et de pathologies – de façon dynamique.

La marginalisation du service de santé publique ?

En France, les choses continuent selon leur tendance naturelle. Que le système de santé devienne rapidement obsolète face aux progrès de la médecine numérique constitue une hypothèse vraisemblable. On ne peut écarter d'un revers de la main la possibilité qu'émergent des services en ligne de diagnostic et de suivi qui soient sensiblement plus efficaces que ceux disponibles par le biais de la médecine officielle. Qu'il s'agisse de dispositifs utilisant des capteurs ou mettant en œuvre des stratégies d'analyse de données, il y a peu de doute que ceux-ci pourront, à brève échéance, nous prévenir de l'imminence de toutes sortes de maladies. Sceptiques ? Des scientifiques américains, travaillant en partenariat avec le Bellevue Hospital de New York, cherchent à prédire la survenance de pathologies légères (rhume et grippe, par exemple) de façon individuelle en n'utilisant que les réseaux sociaux ! Le fait d'observer le comportement des personnes permet en effet de détecter des états de fatigue ; le premier moment où les gens utilisent leur mobile, leur vitesse de frappe, le type d'information qu'ils consultent ou écrivent sont autant d'indices potentiellement significatifs. Si l'on ajoute à cela la possibilité de collecter un grand nombre de données en permanence, là où notre médecin de famille ne peut nous prendre le pouls et la tension qu'une à deux fois par an, on conçoit facilement qu'un monde soit en train de basculer.

Si rien n'est fait, il est probable que l'on verra bientôt des gens arriver chez leur médecin uniquement dans le but de lui demander une prescription médicale que leur service numérique de santé aura concoctée. Les régulations, les tentatives d'amélioration à la marge, les travaux sur les données médicales se verraient alors anéantis par une chose inattendue : une médecine hors du monde de la médecine, de grande efficacité, mais n'utilisant que marginalement les moyens considérables que nous lui consacrons collectivement. Cette crainte n'est pas de la science-fiction. Tout concourt à ce que ces dispositifs émergent d'ici deux à trois ans, peut-être moins. Nos politiques publiques de santé, avec le conservatisme inexplicable des régulateurs à l'égard des possibilités d'usage des données médicales, seront alors désuètes et les remèdes que l'on évoque régulièrement à l'égard des dysfonctionnements du système de santé prendront l'allure d'initiatives ridicules, tant leur portée semblera sous-dimensionnée.

Open data, épidémiologie et médicaments*

En France, la libération des données de santé fait de la résistance : les intérêts particuliers sont légion, les sommes en jeu sont considérables et le fonctionnement du système de santé a été sacralisé à un point tel que toute réforme, aussi modeste soit-elle, en est rendue difficile. L'idée que les données soient ouvertes à tous et puissent permettre à des gens qui n'ont aucune culture médicale de s'intéresser au fonctionnement du système de santé semble insupportable à certains. Il est pourtant démontré que ces réticences archaïques peuvent aller jusqu'à mettre en danger la vie des patients ; l'exemple du sang contaminé et, plus récemment, celui du Mediator illustrent tristement cet état de fait. Dans le cas du Mediator, il aura fallu toute la persévérance d'une association, Initiative transparence santé, pour mettre au jour ces dysfonctionnements. Celle-ci s'est battu bec et ongles pour accéder aux données qui démontrent cette responsabilité. Après avoir essuyé un premier refus à sa demande d'accès auprès de la Caisse nationale d'assurance maladie (Cnam), celle-ci s'est tournée vers la Commission d'accès aux documents administratifs (Cada), laquelle a, finalement, estimé légitime la requête. La Cnam fut donc enjointe de remettre à l'association des jeux de données ayant trait à l'utilisation du Mediator. L'analyse de ces données révéla des aberrations proprement stupéfiantes : dans environ 80 % des cas, le médicament de Servier était prescrit en dehors des recommandations officielles. Que la Cnam ait pu être au courant de cet usage impropre sans avoir rien fait ou qu'elle ne l'ait pas découvert en dépit des informations dont elle disposait démontre que le système de supervision sanitaire ne fonctionne pas, même lorsque les indices avant-coureurs sont nombreux et préoccupants. Dès 1998, en effet, une étude de l'Union régionale des Caisses d'assurance maladie de Bourgogne évoquait les dérives de prescriptions du Mediator. La faute est d'autant plus inexcusable que, en 1999, fut mis en place le Système national d'information inter-régimes de l'Assurance maladie (Sniiram), une base de données unique au monde alimentée par les feuilles de soins des Français, qui contient, entre autres informations, leur consommation de médicaments. Non seulement l'inaction de la Cnam dans l'affaire du Mediator se confirme puisqu'on voit qu'elle a laissé perdurer les prescriptions massives injustifiées, mais, de surcroît, son directeur n'acceptera de livrer les données que sous la contrainte et encore au compte-gouttes. Privant ainsi les Français des éléments qui auraient permis d'enrayer ce qui deviendra l'« affaire du Mediator ». Il convient de rappeler que certaines études – contestées – estiment que le Mediator sera, à plus ou moins long terme, responsable de 1 300 à 1 800 morts[1].

Centraliser les données de santé ?

Cela fait ainsi plus de douze ans que la France essaie de se doter d'un système d'information unifié dans le domaine de la santé. L'idée – simple *a priori* – serait de créer une plateforme unique permettant de disposer pour chaque citoyen d'une information exhaustive de ses antécédents médicaux. Le DMP (dossier médical personnalisé) a fait l'objet de nombreux rapports, une agence, l'ASIP Santé, a été créée et dotée d'un budget généreux. L'idée généralement

1. « Le Mediator aurait fait jusqu'à 1 800 morts », *Le Monde*, 12 avril 2013.

avancée était de moderniser à marche forcée le corps médical, avec une planification centralisée comme la France en a le secret, qui a permis de créer tout aussi bien le Minitel qu'Airbus, Arianespace ou le TGV. Rapidement pourtant, les choses ont semblé s'enrayer. Des questions ubuesques sont apparues, du type : « Des parents séparés, n'ayant pas autorité sur leurs enfants, ont-ils le droit d'accéder à leurs dossiers médicaux ? » arrêtant les spécifications techniques de la plateforme ou leur imposant des contraintes fonctionnelles extrêmement pénalisantes. De son côté, la Cnil* s'est fermement opposée à ce que le Nir (numéro d'inscription au répertoire [des personnes physiques], numéro d'identification des usagers de la Sécurité sociale) puisse être utilisé comme identifiant unique par les différentes administrations liées à l'univers de la santé et les a même encouragées à créer des systèmes indépendants, rendant ainsi impossible la mise en place d'une organisation numérique unique et unifiée. L'identifiant unique est pourtant, on le sait, à l'origine de la force des plateformes numériques. Avoir la possibilité de centraliser les données autour d'une seule référence est la condition *sine qua non* pour disposer de plateformes efficaces. Ce n'est pourtant que très récemment (22 mai 2014) que la Cnil* a admis, du bout des lèvres (aucune communication officielle n'a encore été faite), la nécessité d'un numéro d'identification unique. On pourrait se demander de quel droit et sur quelle base la Cnil* a pu édicter un avis qui a acté l'avis de décès d'un système de santé moderne. Il y a là matière à s'interroger sur les pouvoirs d'une institution dont un simple avis peut avoir des conséquences sur l'efficacité d'un système de soins et sur sa performance sociale, pour des décennies.

On peut toutefois relativiser la responsabilité des tutelles françaises concernant l'échec du DMP, en rappelant que les DMP étrangers ne sont pas nécessairement en meilleure posture. Le Royaume-Uni a déjà consacré plus de 3 milliards de livres au sien et devra sans doute en dépenser autant pour en finir le déploiement. Les États-Unis ont mis plus de 10 milliards de dollars sur la table pour équiper 60 % du corps médical, et d'importants problèmes de compatibilité demeurent.

Ces projets sont d'une grande complexité, car ils nécessitent avant tout de pouvoir garantir que les données personnelles des patients ne puissent être utilisées à des fins inappropriées ; le médecin de famille pourra, bien sûr, accéder à plus d'informations que l'infirmier qui réalise une prise de sang dans le cadre d'un examen médical. Il faut évidemment que tous les acteurs du système de soins disposent d'ordinateurs et d'équipements d'analyse et de soins connectés à un réseau commun ou à des interfaces compatibles. Cela suppose la mise en place de standards d'interopérabilité permettant que les rapports médicaux, les radios ou autres scanners soient accessibles dans les bons formats à l'ensemble du corps médical. Enfin, et ce n'est pas le moindre des enjeux, il faut former tous les acteurs à des modes de fonctionnement parfois très éloignés de ce qui était le standard en matière d'information médicale.

Dans la mesure où ils sont très récents, l'historique concernant ces nouveaux systèmes reste limité. Dans de nombreux cas, comme celui des États-Unis, on rapporte une faible efficacité de ce dispositif, qui semble plutôt avoir contribué à désorganiser le système médical. Des problèmes d'interopérabilité, de sécurité et de définition d'un langage commun à l'ensemble du monde de la santé sont survenus. Dans d'autres pays, en revanche, comme le Danemark, ou à Shanghai, en Chine, les analyses préliminaires sont encourageantes.

Dans le cas de Shanghai, on estime que le système a permis de réduire de façon significative les erreurs de diagnostic tout en augmentant la qualité des soins. Ces dispositifs n'en restent pas moins extrêmement lourds, peu flexibles et tendent à ne faire transiter que des informations dégradées. La visualisation d'un foie en 3D, issue d'un scanner sophistiqué, ne pourra évidemment être envoyée autrement que sous la forme d'une image fixe et beaucoup de détails d'importance seront perdus. Les données génétiques (ADN, entre autres) sont généralement trop imposantes et trop sensibles pour être gérées par ces systèmes, et les traitements épidémiologiques sont, lorsqu'ils sont prévus, centralisés et rendus accessibles à un nombre très limité de chercheurs.

Dans une ère qui privilégie l'innovation de rupture, l'ouverture et la collaboration avec la multitude, les services de santé publique et leurs systèmes d'information semblent donc anachroniques à beaucoup.

Le blue button *et les data personnelles*

Qu'il s'agisse donc de données épidémiologiques – les données issues de l'*open data** – ou de données personnelles – les données issues des systèmes de santé ou encore des objets intelligents – les difficultés à surmonter sont importantes. Pour les données épidémiologiques seules, la garantie de l'anonymat semble de plus en plus illusoire. De nombreux travaux ont démontré qu'il est assez simple d'identifier (ou réidentifier) des individus en superposant plusieurs jeux de données. Par exemple, en superposant des données médicales avec des données sociodémographiques, le gestionnaire d'une application liée à un objet intelligent pourrait facilement identifier des personnes développant des cancers du poumon. En considérant que ce gestionnaire dispose de quelques paramètres, certains introduits par l'utilisateur – le poids, l'âge, l'adresse... – d'autres issus de mesure – la capacité respiratoire, par exemple – et en superposant ceux-ci avec des informations sociodémographiques (le revenu par zone démographique, le type de travail – mineur – prédominant dans la zone à l'époque où l'utilisateur était en âge de travailler), il lui sera assez facile d'en déduire les utilisateurs qui souffrent d'un cancer des poumons d'origine professionnelle. Plus les jeux de données seront nombreux et variés, plus il sera aisé de ré-identifier les individus. Il est donc raisonnable de spéculer qu'avec l'ouverture massive des données issues de tous types de bases – Insee, Sniiram, instituts de sondages... – ces pratiques pourraient, à défaut d'une régulation appropriée, se généraliser.

En ce qui concerne les données personnelles, le sujet n'en est pas moins complexe. Si ces données recèlent potentiellement des informations essentielles sur la façon dont notre santé pourrait évoluer, la question clé reste de savoir qui pourrait être autorisé à y accéder. *A priori*, aucune solution ne semble optimale. Si le système restait tel quel, on peut craindre que le conservatisme et l'approche bureaucratique, qui caractérisent les institutions en charge de nos données, n'en étouffent le potentiel. Il conviendrait donc d'en laisser l'accès à des partenaires extérieurs, mais qui pourrait en donner l'autorisation ? Une autorité, quelle que soit sa compétence, est-elle fondée à permettre l'accès à des acteurs extérieurs au monde de la santé publique ? Et ces tiers ne risquent-ils pas d'en abuser ? En réalité, cela soulève un enjeu fondamental à l'égard des grands systèmes de santé. Peut-on faire de la santé préventive sans l'assentiment total des individus concernés ? Chacun pourrait penser que, d'évidence, les individus accepteront d'être traités préventivement. Pour autant, la question de l'acceptation du traitement individuel de masses de données hautement sensibles et, plus encore, celle de la possibilité de confier ces données à des tiers, à l'échelle de populations entières, restent posées. Si par exemple une start-up dispose d'un algorithme infaillible en matière de détection du cancer, les autorités de santé publique sont-elles fondées à lui transmettre nos données personnelles sans notre autorisation ? La réponse à cette question est fondamentale car elle concerne notre liberté la plus intime. Ces données font fusion avec notre identité, et autoriser une tierce partie à en faire traitement consiste à concéder une partie de nous-même. Certes, nombreux sont ceux qui acquiesceront à l'idée que c'est une juste contrepartie à la prise en charge du coût de la santé par la collectivité. Cependant, cette réponse ne saurait aller de soi que dans le cadre d'un débat démocratique et citoyen, pays par pays, débat si fondamental qu'il pourrait nécessiter des années avant d'être tranché.

Aux États-Unis, nation où la défiance à l'égard des institutions centrales est structurelle, il semble impossible d'envisager que l'État fédéral puisse effectuer des traitements de masse sur des données individuelles. Le choix a donc consisté à en déléguer l'usage aux individus. Dès 2013, Le Department of Defense (DoD) américain a mis en place un « bouton bleu » – *blue button* – permettant à ses salariés de télécharger toutes les données médicales que cette institution militaire possédait sur eux. L'initiative fut rapidement reprise par de nombreuses autres entreprises et administrations ; puis des start-up disposant de données sur leurs utilisateurs prirent la même résolution. Nombre d'Américains peuvent ainsi récupérer une grande quantité de leurs données de santé, les centraliser et en déléguer eux-mêmes l'usage à qui ils le souhaitent, grâce au *blue button*. Ils sont libres de stocker ces données où bon leur semble. Ils peuvent ensuite autoriser des services et apps divers à accéder à leurs données et à leur fournir des services de santé.

La question n'en reste pas moins de savoir qui pourrait être légitimement autorisé à effectuer des travaux d'algorithmie sur les données de santé. Comme évoqué plus haut, il est difficile d'envisager que les institutions officielles de santé aient la réactivité et la maîtrise technologique des données qui pourront s'appliquer à l'ensemble des pathologies envisageables, à l'ensemble des analyses épidémiologiques, à l'ensemble des protocoles de santé. Il faudra probablement des décennies d'innovations, la création de nouveaux algorithmes avant que l'on maîtrise réellement le potentiel médical des données.

Comme aux États-Unis, nous pourrions créer un « bouton bleu » et laisser aux individus le choix de confier leurs données à telle ou telle start-up médicale et de décider, ensuite, ce qu'ils souhaiteront faire des résultats. Mais cette solution n'en comporte pas moins de nombreuses limites. Ainsi, une étude américaine a montré que les utilisateurs de ces services ne réagissent pas nécessairement de façon appropriée aux informations que leur transmet l'application médicale[1] : face à un risque de pathologie, les uns nient l'évidence tandis que d'autres se trompent sur la valeur des statistiques. Par ailleurs, on peut raisonnablement s'inquiéter de ce que certains acteurs pourraient faire de ces informations. Peut-être faudrait-il envisager que les traitements de données, pouvant aboutir à des diagnostics de pathologies lourdes,

1. « Patient Education and Counseling », *Shots Health News*, août 2013.

soient systématiquement transmis au médecin traitant. Une approche plus radicale encore serait d'imposer le traitement de données sensibles à des tiers de confiance, certifiés et indépendant des intérêts particuliers. En apparence, il s'agit de choix cornéliens. Les entreprises ayant des intérêts particuliers étant les plus à même de financer ces nouvelles applications, il conviendrait d'évaluer objectivement les risques encourus avant de leur fermer la porte. Si l'on prend l'exemple des assureurs, on imagine assez facilement l'intérêt que ceux-ci peuvent avoir à ce que leurs clients restent en bonne santé ; sans doute seraient-ils à même d'effectuer tous les investissements nécessaires et d'offrir des capteurs médicaux intelligents à leurs souscripteurs, les invitant à aller préventivement chez le médecin si nécessaire. Pour autant, un assureur qui découvrirait le risque qu'un de ses clients développe prochainement un cancer sera-t-il toujours disposé à l'assurer à des tarifs raisonnables ? En France, la loi a clairement interdit la modulation des tarifs en fonction des coûts, mais on peut raisonnablement douter du fait que l'ensemble des nations légifèrent en ce sens. Enfin, il reste l'enjeu de l'épidémiologie sur des données de masse : comment faire pour effectuer des travaux statistiques sur de grandes populations si les données sont confiées aux individus et à eux seuls ? Ne faudrait-il pas prévoir un dispositif qui permette une centralisation des données rendues anonymes de la façon la plus systématique possible ? Ces quelques interrogations démontrent bien qu'il ne s'agit pas d'enjeux manichéens mais du futur *design* des politiques publiques de santé.

En réalité, tout ceci ne fait qu'exacerber une seule évidence, une seule nécessité, celle d'expérimenter autant que possible en faisant en sorte que, au sein du système de santé, l'ensemble des parties intéressées soient formées aux enjeux du numérique. Il n'y a pas de solution évidente et, à chaque instant, le risque de réguler à outrance comme celui de concéder un trop grand pouvoir à des acteurs aux intérêts potentiellement désalignés avec ceux des propriétaires des données, restent présents. Autant le dire franchement : une grande partie du retard français est la conséquence d'une régulation inappropriée. Il est inexplicable que la France n'ait pour ainsi dire jamais systématisé les travaux d'épidémiologie en utilisant les méthodes issues des Big Data. Il est également absurde que l'on ait découragé l'utilisation d'un identifiant unique de santé. En d'autres termes, la fermeture et l'entre-soi caractérisent depuis trop longtemps les méthodes actuelles, au détriment direct des malades et du progrès de la médecine publique.

En ce qui concerne les plateformes numériques de type Gafa*, celles-ci semblent respecter un marché implicite : « Vous nous faites confiance et nous tâcherons de ne pas trahir cette confiance. » C'est le raisonnement de base qui prévaut lorsque l'on utilise un réseau social. Et quoi qu'on puisse en dire, le *deal* semble acceptable au milliard d'individus qui utilisent Facebook et à tous ceux – dont on ne connaît pas le nombre – qui font de même avec Google. Mais en sera-t-il de même à l'égard des données de santé ? On peut en douter tant la nature de celles-ci est différente.

Dans un rapport récent[1], le cabinet d'étude McKinsey a estimé « de façon conservatrice » que les économies issues des Big Data pourraient être *a minima* de l'ordre de 12 à 17 % du coût de la santé américaine, soit l'équivalent de 300 à 450 milliards dollars par an. Il est probable que les gains seraient

1. Mc Kinsey & Company, *The Big Data Revolution in Healthcare*, janvier 2013.

du même ordre en Europe et en France. Au-delà, l'opportunité des données est de nous permettre de vivre plus vieux, en meilleure santé et moins soumis aux effets secondaires des protocoles de soins tels qu'ils existent. La France se targue d'avoir un système de santé qui serait l'un des premiers au monde. Elle est également un pays qui a été, le plus souvent, très innovant, ses trains rapides ainsi que le dynamisme de son industrie aéronautique et spatiale en témoignent. Il s'agit là de conditions nécessaires mais probablement pas exhaustives pour réussir un chantier aussi ambitieux que celui de la santé numérique au XXIe siècle. En effet, une condition complémentaire semble nécessaire : la capacité de penser des systèmes qui soient plus ouverts, plus transparents, moins centralisés et hiérarchisés. Il faut aussi privilégier l'expérimentation, sans la contraindre dans un cadre ubuesque. Et là, la tâche semble plus ardue ; au-delà de la maîtrise d'enjeux techniques, propres aux succès ferroviaires et aéronautiques, c'est bien de facteurs anthropologiques dont il est question.

3

Agriculture, environnement et complexité

Des champs de données

Parmi les acteurs économiques, les agriculteurs sont, depuis longtemps, en pointe en matière d'utilisation des technologies. Qu'il s'agisse de la mécanisation, de l'emploi d'intrants, de celle d'automates de traite ou de distribution alimentaire, ou encore de l'informatisation, l'adoption a été précoce et souvent très massive. Cette aisance avec la technologie s'exprime notamment par le concept d'« agriculture de précision », apparu aux États-Unis au milieu des années 1990. L'idée initiale a consisté à permettre à des tracteurs dotés de GPS et de systèmes de pilotage automatique de se frayer un chemin entre les rangs de maïs pour déposer les quantités adéquates d'engrais et éviter de passer deux fois au même endroit. Au-delà, il s'agissait également d'effectuer des mesures en grand nombre pour ajuster les systèmes d'irrigation et les volumes d'engrais et autres pesticides nécessaires à chaque parcelle de terre. Et cela fonctionnait. L'American Farm Association évoque des rendements accrus de 10 à 20 % lorsque ces techniques sont mises en œuvre. À tel point que, aux États-Unis, il n'est plus envisageable de faire tourner une exploitation sans « agriculture de précision ». En conséquence, les agriculteurs voient ainsi leurs compétences évoluer très significativement : il s'agit désormais d'effectuer des corrélations entre quantités d'intrants, de pesticides et d'eau, jours de soleil, semaines de gestation... Des compétences scientifiques qu'il est, certes, possible et efficace de mettre en œuvre soi-même lorsque le jeu des données et leur quantité ne sont pas trop importants, mais qui deviennent vite impossible à traiter dans un environnement massivement multifactoriel. Comme en ce qui concerne la médecine, l'agriculture représente un domaine complexe, où les variables sont nombreuses, souvent liées à un « vivant » fluctuant et ne se reproduisant finalement jamais à l'identique. Qu'il s'agisse de la météo, des conditions hydriques, du cycle de croissance, du choix de la variété cultivée, de l'optimisation parcellaire de la densité de semis, de la quantité de fertilisants et de produits phytosanitaires, ou de la date des opérations culturales, tous ces facteurs n'ont de cesse d'évoluer et leur évaluation multifactorielle et précise était jusqu'alors tout simplement impossible.

La plupart du temps, un agriculteur n'a pas la main-d'œuvre ni le capital pour exploiter et mettre en perspective les données qu'il recueille. Et il n'en a franchement pas le temps. Il utilise donc des outils qui existent depuis plus d'une décennie : fichiers Excel, mails et clés USB pour transmettre ce qu'il peut à un agronome, dont le métier est d'optimiser les systèmes de production agricole. De surcroît, les technologies sont devenues de plus en plus sophistiquées : les agriculteurs ont commencé à utiliser des connexions GPS et Internet dans leur ferme et sur leurs moissonneuses-batteuses. De même, les grandes exploitations agricoles ont commencé à utiliser des logiciels pour gérer et planifier leurs activités. L'adoption a été lente, notamment en raison du manque d'interopérabilité entre les différentes solutions utilisées à la ferme, tant logicielles que matérielles, mais elle a été inéluctable. Récemment, l'arrivée des drones a accru les occasions de recueillir des données, permettant par exemple d'avoir une connaissance précise et à fréquence élevée de la croissance d'un champ. Depuis une dizaine d'années les tracteurs embarquent désormais des capteurs qui scrutent les caractéristiques des champs en temps réel. Tout cela crée un volume de données tel qu'il n'est plus possible de l'analyser soi-même.

Aussi, de nombreux acteurs se tiennent-ils en embuscade, au premier rang desquels la très célèbre firme Monsanto. Très tôt, Monsanto a compris que la maîtrise des semences, aussi perfectionnée qu'elle puisse être, n'était pas un facteur suffisant pour garantir une production agricole de qualité. De nombreuses tentatives commerciales ont été entreprises pour essayer de « remonter dans la chaîne de valeur », dont le conseil et la fabrication d'herbicides. En octobre 2012, Monsanto rachète l'éditeur de logiciels Precision Planting, dont l'activité consiste à conseiller les agriculteurs en fonction d'analyse de données concernant la structure des terrains. Puis, en octobre 2013, Monsanto acquiert également The Climate Corporation. Cette firme, spécialisée dans le conseil au monde agricole, utilise un ensemble de données météorologiques pour recommander aux agriculteurs quand arroser leurs champs ou récolter. Enfin, en février 2014, The Climate Corporation, désormais filiale de Monsanto, rachète Solum, un service d'analyse du sol basé à San Francisco.

À l'aide de toutes ces sociétés, Monsanto souhaite se réinventer et proposer des solutions d'abonnement, pour permettre aux agriculteurs de passer à une nouvelle étape de l'agriculture de précision : accéder à une connaissance dynamique de leurs cultures et à des conseils de traitement localisés et en temps réel. Monsanto estime que, en 2014, la taille de ce marché serait déjà de 30 milliards de dollars, soit plus de deux fois son propre chiffre d'affaires actuel.

L'entreprise française FarmStar, qui est issue d'un rapprochement entre Airbus Defence and Space et Arvalis, n'est pas en reste. Elle propose de son côté aux agriculteurs des recommandations précises, établies à partir d'analyses satellitaires des champs. Le niveau de précision des informations recueillies est tel qu'il permet de donner aux fermiers un large panel de conseils, assez proches de ceux que fournit déjà Precision Planting : fréquences d'arrosage et de traitement, optimisation des intrants, amélioration des récoltes, etc.

John Deere, le fabricant de tracteurs, fait également partie des grands collecteurs de données. Depuis plusieurs décennies, il a introduit des systèmes numériques sur ses tracteurs. Tout aurait pu continuer comme dans le meilleur des mondes si, un jour, un agriculteur américain, Douglas Hackney – dont la société Enterprise Group Ltd est l'un des principaux sponsors du forum des technologies ouvertes en agriculture de l'université de Purdue – ne s'était aperçu que John Deere stipulait en petits caractères dans un accord de confidentialité que les données lui appartenaient. Il s'en est ému auprès de l'American Farm Association et le débat a commencé. Alertés, beaucoup d'agriculteurs ont découvert que les matériels qu'ils utilisaient leur interdisaient d'accéder aux données et que celles-ci étaient la propriété exclusive des fabricants qui les produisaient.

Les agriculteurs prirent peu à peu conscience du pouvoir que procure cette moisson de données sur leurs exploitations agricoles. Si quelqu'un accède aux données d'une opération agricole, il peut les interpréter et connaître à quel stade et où se situent les cultures, quel est leur rendement potentiel, quels sont les coûts de production et les revenus de l'exploitation agricole d'où proviennent les données. Le pire des scénarios que craint chaque agriculteur est que ces données tombent entre de mauvaises mains – celles d'un voisin, d'un revendeur de semences, d'une société qui commercialise des engrais ou d'une grande entreprise agricole – et qu'elles soient utilisées contre lui-même.

Par ailleurs, se pose la question de ce que pourrait devenir le métier de l'agriculteur à long terme. Ne risque-t-il pas d'être réduit à l'état de sous-traitant de Monsanto ou de John Deere, amené à exécuter des consignes sans même savoir pourquoi ? C'est ce risque de dépendance que Doug Hackney a voulu combattre. Plusieurs associations d'agriculteurs ont relevé que les tarifs de Climate Pro, le service principal de Precision Planting, ont augmenté – ils coûtent désormais près de 29 dollars par hectare – peu après l'acquisition de cette société par Monsanto. Cela devient significatif lorsque l'on sait que la marge nette d'un agriculteur est souvent en dessous de 50 dollars à l'hectare. La question de savoir où va la valeur se pose désormais avec plus d'acuité que jamais.

Aux États-Unis, la relation entre les citoyens et les grandes entreprises n'est pas nécessairement de même nature qu'en Europe. Un agriculteur n'a, en général, pas *a priori* une attitude de méfiance à l'égard d'une grande entreprise qui viendrait lui vendre un nouveau service, fût-il révolutionnaire. Pour autant, la litanie des procès que Monsanto a initiés dans les années 2000 n'ont pu que ternir son image. Les agriculteurs savent pertinemment que cette entreprise pourrait bien les enfermer dans un modèle du type de ce qu'elle a réussi à faire en ce qui concerne les semences : dans le monde entier, les agriculteurs ne peuvent généralement s'approvisionner qu'auprès d'un très petit nombre de semenciers. Souvent, ils n'ont pas même le droit d'utiliser leur propre récolte pour ensemencer leurs champs. Ces enjeux, connus et débattus depuis longtemps, ont certainement participé à l'émergence d'une critique à l'égard des technologies de l'information, des Big Data et surtout de la façon dont les grandes firmes pourraient être amenées à les utiliser. La question mérite en effet d'être posée : que va-t-il se passer une fois que ces données seront ingérées par les systèmes des grands éditeurs de logiciels, les semenciers, les concessionnaires d'équipements agricoles ? Et surtout : comment ces données seront-elles utilisées ?

De nombreux agriculteurs craignent de voir leurs données récupérées par des voisins malveillants, données qu'ils pourraient, par exemple, transmettre au propriétaire de leurs terres. Si ces données révélaient un faible niveau de productivité ou des erreurs dans les processus de gestion des cultures, le propriétaire des terres pourrait alors préférer un agriculteur plus performant pour leur exploitation... Si ceux qui contestent le potentiel des données restent peu nombreux, beaucoup en revanche pensent qu'est venu le temps de réfléchir à la façon dont les grands groupes s'immiscent dans la chaîne de valorisation agricole. Ce débat, qui ne fait que commencer, pose encore une fois la question de savoir qui est le producteur de valeur : l'agriculteur, qui vit principalement de sa force productive, ou les grandes firmes, seules capables de faire les investissements nécessaires pour récolter les fruits des données ? Les agriculteurs américains ne sont pas naïfs, ils savent bien que pour parvenir à nourrir neuf milliards d'habitants d'ici quelques années, il faudra beaucoup de technologies. Ils savent aussi combien l'agriculture productiviste des dernières décennies les a menés dans une impasse. En fin de compte, ils voient plutôt d'un œil favorable l'émergence de technologies qui devraient leur permettre de produire beaucoup plus et de meilleure qualité avec beaucoup moins d'intrants, par exemple. Ils sont donc disposés à emprunter de nouvelles pistes et celle des data semble clairement la plus prometteuse. De surcroît, c'est une voie qui peut aussi offrir plus de transparence au consommateur et aux associations citoyennes. Il est possible d'imaginer, dans un futur proche, que soit affiché sur tablette, dans un restaurant, le nom de la ferme qui le fournit, son historique, le cycle de vie des légumes qu'elle a produits et de choisir notre menu en fonction du jeu de données qui nous inspirera la plus confiance. Cela nous offrirait la possibilité d'en savoir plus sur le contenu de notre assiette et, ainsi, peut-on espérer que le processus de production agricole sera respecté et reconnu comme jamais il ne l'a été auparavant.

Mais que faire pour que l'agriculteur ne devienne pas un ouvrier spécialisé (OS) précarisé par de grandes firmes ? C'est en tenant compte des récriminations sans cesse plus fortes que The Climate Corporation a proposé de financer le lancement d'une association qui veillerait à l'interopérabilité des données. C'est ainsi qu'est née Open Ag Data Alliance. Au départ, le projet avait comme ambition de ne prendre en compte que les notions de vie privée et de sécurité dans les données agricoles, mais rapidement, l'idée de standard ouvert s'est imposée. Il est apparu essentiel que tous les équipements agricoles puissent communiquer entre eux, si nécessaire, et que l'ensemble de leurs données puissent être librement exploitées par leurs propriétaires s'ils le souhaitaient.

L'American Farm Association a d'ailleurs salué et encouragé cette initiative, la jugeant « salutaire sous toutes ses formes ». Et il y a lieu de se demander s'il n'existe pas de cause à effet tant les annonces récentes de nouvelles start-up spécialisées dans le traitement de données agricoles (FarmLogs, 640 Labs, Farm Intelligence...) fait florès.

En France, le débat n'est certes pas aussi avancé, mais la prise de conscience est nette et rapide. Les chambres syndicales agricoles envisagent de créer des groupes de travail sur ce sujet et de nombreuses start-up spécialisées dans les données agricoles, à l'instar de Fruition Sciences, souhaitent également qu'un débat ait lieu afin de mieux baliser le contexte dans lequel elles pourraient traiter ces données.

L'exemple du Qatar en agriculture

Une initiative originale mérite une observation particulière. D'ici à 2025, l'émirat du Qatar a en effet mis en place un programme agricole majeur avec l'objectif de parvenir à produire 60 % de sa consommation. Cette initiative prêterait à sourire dans un État composé presque exclusivement de désert si elle n'était soutenue par un investissement de... 25 milliards de dollars. Les Qataris voient grand : une immense station de désalinisation est en cours d'achèvement, des partenariats avec des opérateurs de satellites permettront de suivre minute par minute l'évolution du climat et il est prévu que des centaines de milliers de capteurs soient disposés au sein des cultures. Beaucoup d'agronomes ont critiqué l'ambition du projet ; certains estiment que, quelles que soient les sommes investies, le Qatar ne dispose d'aucun potentiel agricole. Toutefois, d'autres voix se sont élevées pour faire observer qu'aucun projet n'avait été pensé avec un tel niveau technologique et que, quels qu'en soient les résultats, les enseignements qui en seront tirés pourraient être considérables. Dans cette perspective, ils pensent donc que l'approche du Qatar mérite considération. Fahad Bin Mohammed al-Attiya, le président du Qatar National Food Security Programme, fait d'ailleurs systématiquement référence à ces critiques lorsqu'il intervient au cours de conférences sur le sujet de la sécurité alimentaire : il n'est ni sourd ni aveugle. Il sait qu'il fait face à des défis jamais relevés, mais il pense qu'une approche agricole largement à base de technologies numériques peut permettre de faire la différence. Et les Big Data ne sont évidemment pas étrangères à l'approche qatarie. EMC et IBM ont chacun remporté des appels d'offres pour fournir une partie des solutions adéquates d'analyse et de monitoring.

Il convient de ne pas insulter l'avenir, mais si cela fonctionne nul doute que l'expertise qatarie pourrait être mise à contribution dans de nombreux pays arides, y compris en ce qui concerne les Big Data. Et au-delà du Qatar, les besoins sont potentiellement énormes. Chacun sait qu'il n'est plus possible de continuer à produire comme on l'a fait jusqu'à présent. Aux États-Unis, en Inde, en Chine, plus qu'ailleurs, le monde agricole prend conscience des dérèglements climatiques induits par l'homme et souvent par l'agriculture, dont la consommation inconsidérée d'eau et l'utilisation immodérée d'intrants ont durablement affecté les écosystèmes. Beaucoup en sont convaincus : le futur se trouve dans une capacité à produire plus, mais de façon beaucoup plus durable. Jusqu'à peu, il fallait choisir : soit produire « bio » et voir sa productivité baisser significativement ; soit continuer comme avant, avec tous les travers que cela imposait.

Personne ne sait exactement de combien pourraient être les gains de productivité, mais tout porte à croire qu'ils sont d'une importance telle que le monde agricole fait face à une nouvelle révolution productiviste. Les agriculteurs de demain pourraient bien être écolos, productivistes et entrepreneurs numériques tout à la fois.

Environnement : le Big Data pour sauver le monde ?

S'il existe bien un domaine où les données sont l'objet de controverses, c'est celui de l'environnement. Depuis près de trente ans, des groupes d'intérêts divers, comprenant entreprises, États, associations non gouvernementales, se déchirent pour savoir si le réchauffement climatique est avéré et quelle est son origine. Tout repose sur l'observation d'une élévation brutale des températures, constatée par la communauté scientifique. La fameuse crosse de hockey : une longue droite associée aux nombreux siècles ayant précédé l'ère industrielle, suivie d'une soudaine élévation depuis deux siècles et demi. Certains contestent l'origine humaine de cette augmentation de température, d'autres contestent l'augmentation elle-même, tandis qu'un nombre croissant de scientifiques fait observer que l'augmentation prévue se confirme année après année. Pour autant la controverse perdure et, jusqu'en 2013, une majorité d'Américains restait convaincue que, si réchauffement climatique il y a, celui-ci n'aurait pas d'impact sur leur mode de vie.

L'objectif n'est pas ici de prendre parti à l'égard du réchauffement climatique, mais de faire observer que la difficulté vient probablement de l'impossibilité de faire des synthèses évidentes à partir de systèmes complexes. À l'échelle de la planète il existe plus de 11 000 stations météo qui font partie du Global Climate Observing System, une source essentielle de données pour la communauté scientifique à l'égard du réchauffement climatique. *A priori*, il est légitime d'imaginer que, avec un tel maillage, la précision des informations recueillies ne devrait pas laisser place à la controverse. Cela serait le cas s'il n'y avait pas une très grande variété de facteurs à même d'influencer la température ou ses mesures. Un volcan, par exemple, est susceptible de faire baisser la température globale : les éruptions peuvent répandre un film à même d'opacifier la planète entière, de réduire l'exposition du sol aux infrarouges et, ainsi, d'abaisser la température globale. Certains scientifiques pensent que les gaz émis par les avions long-courriers jouent un rôle semblable. À l'inverse, d'autres scientifiques ont émis l'idée que la température globale n'aurait pas varié, mais que l'urbanisation a rapproché les villes de stations météo ; et chacun sait qu'il fait plus chaud à la ville qu'à la campagne, ce qui fausserait la mesure précise des températures. On pourrait trouver ainsi toute une série de facteurs qui favorisent un biais à la baisse ou à la hausse des températures globales. Des polémiques semblables sont apparues à l'égard de l'augmentation du nombre de particules de gaz carbonique (CO_2) dans l'atmosphère, suspectées d'être à l'origine du réchauffement. En réalité, face à un système complexe et massivement multifactoriel, il est presque impossible d'avoir une compréhension d'ensemble et d'affirmer avec certitude qu'un facteur est à l'origine d'une augmentation ou d'une baisse de la température ou du CO_2.

C'est là où le Big Data pourrait utilement entrer en ligne de compte. Car, lorsqu'il s'agit de rechercher des marqueurs sur une longue période, le Big Data peut se révéler remarquablement efficace. C'est d'ailleurs ce que l'on observe dans le domaine médical ou dans les travaux liés aux systèmes complexes. C'est le « V » de Variété, mais aussi le « V » de Volume. Or, dans un univers appelé à se complexifier massivement, le Big Data va être d'un secours essentiel. Il faut en effet avoir à l'esprit que, au-delà des onze mille stations météo du GCOS, les quantités de données qui pourraient être prises en compte sont sur le point d'exploser.

Déjà, chacun d'entre nous peut, pour quelques centaines d'euros, être propriétaire d'une petite station météo (Oregon, Netatmo...). Certes, elle ne fournira pas des données aussi précieuses que celle qui se trouve en haut du mont Blanc, car elle sera sans doute située au cœur d'une ville. Pourtant, la contribution d'un réseau de capteurs peut aider à mieux comprendre des phénomènes complexes. De plus, les capteurs se multiplient à grande vitesse. Les opérateurs de télécoms ont par exemple découvert que la façon dont les ondes se propageaient est largement influencée par la météo. Ils disposent ainsi d'un moyen de connaître avec une grande précision quelles sont les conditions météorologiques dans toute la zone de couverture de leurs réseaux. Voitures, bateaux de plaisance, cargos, avions de ligne disposent également de capteurs qui sont de plus en plus souvent reliés au *cloud*, sans même évoquer le fait que nos propres smartphones commencent aussi à pouvoir faire des mesures de température, d'hygrométrie... Mesures qui sont donc potentiellement à la portée du Big Data et du monde scientifique.

Mais ce qui est vrai à l'égard du climat et de la météorologie peut-il l'être en ce qui concerne la faune et la flore, le monde des particules minuscules, les polluants ? S'il est vrai que les forêts ne twittent pas et que les baleines ne sont pas équipées d'iPhones, dans ce domaine-là aussi de plus en plus d'outils de mesure sont disponibles. Ainsi, le programme Copernicus et ses satellites orbitaux Sentinels fournissent désormais des informations essentielles à l'échelle du globe sur la qualité de l'air, l'élévation du niveau de l'eau des océans, la qualité du couvert végétal, certaines catégories de polluants. Les données issues de ces satellites représenteront plusieurs péta-octets (10^{18}) de données chaque année, presque en totalité en données ouvertes, accessibles à qui voudra en faire usage[1].

Dans les océans, les bateaux de grande taille (cargos, porte-conteneurs, etc.) pourraient prochainement s'équiper de détecteurs de baleines pour éviter les collisions qui mettent en danger certaines espèces d'entre elles[2]. Dans le domaine éolien, des entreprises[3] créent des radars qui identifient la signature de vol des oiseaux et des chauves-souris. Ainsi, il est possible d'arrêter les éoliennes pendant de courtes périodes pour éviter les chocs entre les pales et les petits volatiles. D'autres initiatives, telles que les bases de données ouvertes dans le domaine de la faune et de la flore, permettent le développement d'immenses bases de données, dont les niveaux de précision vont évidemment croissant – eBird, Xenocanto, Tela, Botanica, Silene, USDA Plants, Florabase, Fauna Europaea, Fauna.org, etc. – et permettent de suivre l'évolution d'une espèce dans le temps et dans

1. À cet égard, on peut d'ailleurs s'inquiéter du fait que l'Europe, capable de construire de si impressionnantes architectures technologiques – satellites et lanceurs spatiaux –, ne semble pas mettre en place avec le même entrain les équipes chargées d'analyser le torrent de données qui découlera de l'exploitation de ces satellites. Il est à craindre que ces investissements considérables ne profitent en priorité à ceux qui ne les ont pas financés, c'est-à-dire en premier lieu les Gafa*, start-up et universités d'outre-Atlantique.

2. « New Detection Technologies May Help Protect Whales », *Scientific American*, juillet 2009.

3. Voir en particulier Aviscan et Chirotech, de la société Biotope, www.biotope.fr.

l'espace. Bien entendu, pour l'instant ces données ne sont que très partiellement utilisées. Le programme Copernicus en est encore à ses débuts, les sonars pour baleines ne sont encore que projets et les bases de données citées plus haut sont éparses et aucune ne semble parvenir à fédérer la communauté scientifique. Cependant, nul doute que le nombre d'observations documentées ainsi que celui des capteurs sont en train de s'accroître de façon considérable. Et si, auparavant, le fait que toutes ces données n'étaient ni harmonisées ni structurées au sein d'une seule base représentait un handicap majeur, cela pourrait n'être bientôt plus déterminant. Les enjeux d'harmonisation pourraient devenir secondaires, tant l'aisance à manipuler des données s'accroît avec le développement des technologies des Big Data. Seul compte le fait que ces données soient les plus ouvertes possibles. De surcroît, il est plus que probable que les grands navires, ceux qui seront en priorité équipés de sonars de détection de baleines, seront connectés à Internet, soit lorsqu'ils arriveront au port, soit de façon permanente, par satellite. Quel intérêt un capitaine aurait-il de retenir des données qui intéressent au plus haut point la communauté scientifique ? Aucun, en réalité. Le coût de mise à disposition de la communauté est tout simplement devenu marginal. Il en est ainsi dans d'innombrables domaines : le coût de la transparence est désormais inférieur à celui de la volonté de conserver par-devers soi. Il sera donc possible d'accéder à de très nombreux flux et, grâce à l'utilisation des *learning machines**, de faire des corrélations complexes au sein des phénomènes météorologiques, physiques ou encore pour comprendre la disparition des espèces dans la faune et dans la flore. Il ne s'agit pas ici de spéculations sur plusieurs décennies, mais bien de faits déjà en cours de mise en œuvre.

Des principes assez semblables peuvent être imaginés à l'égard des polluants chimiques. Quelles sont leurs sources ? Quel est leur impact réel sur l'environnement ? Comment évoluent-ils ? Ces questions ne cessent de hanter les travaux des scientifiques, qui dépensent parfois des sommes d'énergie conséquentes pour essayer de leur trouver une réponse. Ainsi, personne ne sait vraiment pourquoi 75 % des déchets en plastique jetés à la mer... disparaissent. Entre ce que l'on sait être abandonné dans les océans et ce que l'on y mesure effectivement, le ratio de disparition est considérable ! Une hypothèse forte serait que ceux-ci sont absorbés par les animaux. Mais, faute de pouvoir traiter des quantités plus importantes de données sur le volume de plastique effectivement mesuré en différents points de la planète, ce phénomène pourrait mettre très longtemps à être compris.

Le Big Data pourrait aussi avoir toute sa pertinence pour identifier l'origine de la pollution. Une polémique fameuse a vu s'opposer le parti écologiste français à différents acteurs politiques quant à l'origine de la pollution atmosphérique à Paris. Les écologistes soutenaient que celle-ci était la conséquence exclusivement du trop grand nombre de voitures. Leurs opposants y voyaient l'impact de l'arrêt des centrales nucléaires allemandes, remplacées par des centrales à charbon dont la pollution en CO_2, voire en particules fines, aurait compté pour une proportion non négligeable dans le surcroît de pollution constaté à Paris. Un débat sans fin, tant il est aujourd'hui difficile d'identifier l'origine de cette pollution. Là encore, une combinaison de sources météorologiques, issues des nouvelles générations de satellites, à partir des capteurs personnels disposés dans nos voitures ou même bientôt dans nos smartphones, permettra d'obtenir une multitude de données concernant CO_2, benzène, formaldéhyde, particules fines, etc.

Alors que l'on ne disposait que de quelques points de données dans le temps et dans l'espace, on accédera désormais à une multitude de sources, de qualité diverse, certes, mais en nombre tel qu'il sera possible d'effectuer des traitements de masse, faisant ressortir des tendances précises, identifiant des sources et projetant des évolutions probables. Il s'agit là encore d'une illustration de la règle des trois V : *Variety* pour la diversité des sources, *Volume* pour leur quantité, et *Velocity* pour l'accessibilité en temps réel de la plupart d'entre elles. De la sorte, les polémiques sur l'existence ou non de tels phénomènes auront de moins en moins de raisons d'être. Qu'il s'agisse de l'apparition d'algues vertes en lien avec une utilisation exagérée de nitrates, de la surpêche des thons rouges en Méditerranée, de l'emploi de plastiques dangereux dans l'alimentation, ou encore de l'origine du réchauffement climatique, il est parfois difficile de faire la démonstration d'une dégradation systématique et notable, à la suite d'une pratique d'origine humaine. Il est probable que cela deviendra moins difficile à l'avenir. Lorsque l'on pourra plus aisément faire un lien fort entre l'apparition de telle ou telle maladie dans une région et l'arrivée d'une nouvelle activité humaine – une usine ou un produit agricole, par exemple – il sera plus compliqué d'en nier l'évidence et il sera *a contrario* plus facile de réagir avant que les conséquences soient devenues catastrophiques.

Notre planète, qui fut jusqu'il y a peu un univers où l'homme était dominé, devient progressivement un écosystème global que nous aurions la capacité d'administrer avec beaucoup de finesse, sous réserve que nous le voulions réellement. À l'image de ce qui se passe dans le monde médical, dans celui du marketing et dans celui des villes intelligentes – les *smart cities*, que nous allons évoquer dans le prochain chapitre –, on peut constater, dans le monde agricole, que l'origine des données repose pour une part croissante sur la participation active de la multitude *(crowd)*, qui dissémine des capteurs et fait des relevés là où, auparavant, seuls les scientifiques agissaient. Ainsi, la contribution de la multitude est l'un des atouts essentiels pour le développement de cette nouvelle discipline d'analyse des données. Une question reste en suspens : quel type de réaction l'humanité sera-t-elle capable d'offrir, collectivement, à ce qu'elle va découvrir à partir de ces données ?

4

Des villes, et des fluides qui les animent

DEUX MILLE DOUZE aura marqué l'histoire de l'humanité pour être la première année où plus de 50 % de la population mondiale vit désormais dans les villes, soit environ 3,6 milliards de personnes. En Asie, en Amérique du Sud et maintenant également en Afrique, ces villes dépassent fréquemment les 10 millions d'habitants, et cette tendance à croître n'est pas près de s'arrêter. Selon l'Onu, d'ici 2040, ce ne seront plus 50 %, mais bien les deux tiers de l'humanité qui vivront dans des villes. Ainsi une mégapole comme Lagos croîtrait au rythme insoutenable de 12 % par an. Inutile de souligner combien de défis ce développement pose aux autorités qui en ont la charge. Dans des villes comme Djakarta, Dhaka, Manille et d'autres encore, l'on estime qu'un pourcentage important d'habitants sont sujets à des maladies chroniques. L'exposition à des niveaux de pollution élevés, la difficulté d'accéder à une eau de bonne qualité, à un système d'évacuation domestique des eaux usées, au système de santé, toutes causes généralement liées à un faible niveau de vie sont autant de défis de premier plan pour les maires et autres administrateurs de ces gigantesques cités.

Même dans les métropoles plus développées, plus petites, l'augmentation de la concentration humaine impose de repenser l'ensemble du fonctionnement de la cité. Certes, il faut construire de nouvelles infrastructures, des métros, des crèches, des écoles, des égouts, des routes, etc. Mais ce qui fonctionne à une échelle de quelques centaines de milliers d'habitants n'est plus nécessairement pertinent à l'échelle d'une ville de 10, 15, voire 25 millions d'habitants. Les concentrations de pollutions issues des transports routiers deviennent insoutenables. Les prélèvements d'eau sur la nappe phréatique deviennent tellement importants qu'ils menacent la structure géologique du sol lui-même. Le réseau routier devient chroniquement saturé, provoquant parfois des bouchons de plusieurs jours[1]. Certaines villes, comme Bangalore, voient les investisseurs étrangers s'en retirer : « Le manque d'infrastructure fait chaque jour perdre de précieuses heures à nos employés, nous ne pouvons plus continuer à investir dans cette ville comme nous l'avions au départ espéré », me disait le directeur général de l'une des plus grandes sociétés de service informatique mondiale, avant de prendre la décision de relocaliser une partie de ses ressources sur d'autres villes d'Inde, mais aussi du Pakistan.

Mettre en œuvre des solutions alternatives devient donc plus que jamais une nécessité. Et cela tombe bien car c'est à présent possible, et ce largement grâce au Big Data.

Songeons-y : peu d'écosystèmes sont le lieu d'autant de flux et d'interactions que les villes. Flux de passants, de trains, de voitures, flux d'informations, d'énergies, d'eaux usées, d'eau potable. Interactions de personnes, de marchandises, de systèmes de transports. Tout cela évidemment ne créait pas de données. Les villes se sont construites en essayant de

1. « Dix jours d'embouteillage en Chine », *Le Figaro*, 24 août 2010.

coordonner au mieux les flux, mais les limitations des technologies alors disponibles ne leur ont permis de mettre en place que des systèmes relativement grossiers. Ainsi les systèmes de gestion des feux rouges représentent une première tentative de régulation des flux d'automobilistes. Chacun sait que ces flux varient en fonction de la journée et qu'ils sont coordonnés entre eux. Pourtant, ils ne sont pas en mesure de s'adapter au trafic réel de chaque feu.

Dans un modèle classique, il serait nécessaire de munir chaque feu d'une caméra pour individualiser le comportement des feux. Un système coûteux, nécessitant probablement plusieurs années de planification et de tests avant de pouvoir être réellement opérationnel. Dans un modèle de type Big Data, tout peut être considéré différemment. Les données, souvent, existent déjà. Par exemple, dans le cas des feux de circulation, il suffit de récupérer la trace – rendue anonyme – de nos mobiles individuels que commercialisent désormais certains opérateurs de télécoms, pour avoir une idée assez précise de ce qui se passe. En sachant qu'à Paris, les voitures transportent en moyenne 1,3 passager, il suffit de diviser le nombre des mobiles repérés par ce nombre pour avoir la quantité de véhicules circulant sur une route donnée. Et lorsqu'une grappe d'une vingtaine de téléphones mobiles se présentent ensemble, de façon compacte et synchrone, sur la voie de droite, il y a de bonnes chances pour qu'il s'agisse d'un bus de transport public, à faire passer en priorité. Si ces grappes s'arrêtent aux arrêts de bus, la probabilité devient certitude.

En soi cet exemple reste assez simple et ne met en œuvre que des modèles de gestion de flux relativement homogènes. On peut ainsi espérer réduire sensiblement les congestions de trafic, mais on ne change pas de modèle. Des villes comme São Paulo ont testé des stratégies plus ambitieuses, adoptant des dispositifs dynamiques, où le trafic est réorganisé en fonction de ce que l'on mesure, mais aussi de ce que l'on prévoit. Une connaissance historique de la façon dont le trafic a évolué, dans une circonstance proche (il y a un an, le même jour de la semaine à la même heure, par exemple) peut aider à prendre les bonnes décisions, et à dévier le trafic si nécessaire. Mais on peut faire mieux encore, et intégrer des données qui se trouvent à l'extérieur du trafic lui-même : le nombre de camions situés dans une zone donnée, et propre à ralentir les voitures, la sortie des écoles, qui impose une prudence accrue et pour laquelle il convient de ralentir ou de dévier le trafic, des événements dynamiques, comme un accident, un camion arrêté, etc. On pourrait aussi prendre en compte les sorties de spectacles, les horaires des magasins, les matchs de football, les émissions de télévision, etc. À terme, on pourrait même faire une prédiction un peu audacieuse : la fin des horaires. Si l'on y réfléchit, les horaires ne sont qu'une invention pour essayer de répondre tant bien que mal à un besoin estimé. Mais des processus dynamiques, tels que la mesure du nombre de gens qui sortent de chez eux le matin, permettraient d'envoyer en mode dynamique des trains de voyageurs dans les gares de façon optimale. La même méthode pourrait d'ailleurs fonctionner pour les stations de ski : en prenant en compte la météo, ainsi que la fréquentation des sites de location saisonnière, l'on pourrait envisager d'adapter plus finement que jamais l'offre et la demande, à la fois en matière d'offre locative, mais aussi en ce qui concerne le nombre de pistes, de télésièges et de télécabines mis en circulation.

Tout cela repose évidemment sur des processus automatisés, des *learning machines** qu'il conviendra de tester longuement avant de leur passer réellement la main, mais illustre finalement avec beaucoup de pertinence ce que peuvent faire les données en matière de transports en commun ou dans une ville. Car finalement, les villes caractérisent bien cette triple notion de vitesse, volume et variété ; un univers de prédilection pour mettre à l'épreuve le potentiel du Big Data.

Big Data, ville et sécurité : compatible avec les libertés publiques ?

Comment réfléchir à un système fondé sur les données qui ne deviendrait finalement pas déterministe et qui n'attribuerait pas aux machines des rôles de procureurs intransigeants ?

Des outils qui prépositionnent les forces de l'ordre aux endroits où les crimes sont les plus susceptibles de se produire, en utilisant des données de masse, paraissent présenter des risques limités tant qu'ils n'aboutissent pas à des recoupements individuels. Les forces de l'ordre le reconnaissent elles-mêmes : savoir où et quand il est nécessaire de mettre des agents dépend d'un trop grand nombre de facteurs pour être optimal. En laissant à des *learning machines** le soin de traiter de façon simultanée des données de trafic urbain, d'événements sportifs, de météo, etc., il est possible de déterminer avec une finesse accrue les zones qu'il conviendra de surveiller. Des sociétés comme Prepol font valoir une baisse de la criminalité de 13 % dans les quartiers où leur logiciel a été mis en œuvre. L'efficacité de ces systèmes se décrit assez simplement : imaginons un centre de vidéo-contrôle d'une ville. Des milliers de caméras permettent de suivre les voitures, mais également les individus.

De tels dispositifs existent dans des villes comme Londres, Singapour ou encore São Paolo. Les policiers sont exercés à suivre, de caméra en caméra, les individus aux comportements suspects : par exemple ceux qui s'arrêtent souvent ou qui semblent rôder sans but précis. Si ces mêmes individus circulent dans des véhicules un peu tape-à-l'œil, ou dont les plaques correspondent à une favela à risque (l'équivalent de « 93 » en France par exemple), cela renforce la suspicion. Mais ce travail de surveillance reste très artisanal, imprécis, empirique et erratique.

Imaginons maintenant une *learning machine** qui va suivre non plus un, mais tous les véhicules, un dispositif que l'on alimenterait régulièrement d'informations sur les arrestations effectives de délinquants, et qui permettrait à ce dispositif d'observer les « traces » – ou les modèles de données caractéristiques – qu'ont laissées ces délinquants. Rapidement, ce système observerait que les délinquants génèrent des signaux caractéristiques : ils roulent plus vite (ou moins vite), commettent plus (ou moins) d'infractions au code de la route, proviennent effectivement (ou non) des favelas, etc. Au bout d'un certain temps, il est probable que le système disposera de signatures très fortes de tout ce qui peut prédire l'imminence d'un délit ou d'un crime.

Le risque est évidemment de passer une frontière invisible. Surveiller en masse les réseaux sociaux pour comprendre l'état d'esprit d'une foule sortant d'un événement sportif ne semble pas nécessairement condamnable. Mais identifier un artefact fort, comme le regroupement de plusieurs individus utilisant un vocabulaire – les spécialistes parlent de champ lexical – connexe à la manifestation d'un délit et mettre en œuvre une action préventive semble plus difficilement acceptable. Pire encore, la machine pourrait facilement suivre les réseaux sociaux de délinquants connus, déjà condamnés ou non. Cela reviendrait à mettre en œuvre une surveillance permanente de citoyens, suivant une échelle qui varierait en fonction de la volonté de répression des institutions : individus innocents, individus innocents fréquentant des criminels, individus potentiellement criminels, individus auparavant condamnés pour des délits mineurs, individus auparavant condamnés pour des délits majeurs, individus sous le joug d'une condamnation (détention à domicile), individus en fuite.

S'il ne fait guère de doute que la police surveille déjà les réseaux sociaux des deux dernières catégories d'individus, cela n'est pas encore – à ma connaissance – le fait de *learning machines**.

Mais au-delà de ces enjeux éthiques, la gestion des systèmes de sécurité utilisant le Big Data peut être d'une utilité moins polémique. Différents systèmes de sécurité du Texas, liés au numéro d'urgence 911, ont initié un partenariat avec l'université californienne Ucla pour essayer de définir quelles étaient les signatures les plus caractéristiques des appels téléphoniques qu'ils recevaient : un homme qui a du mal à s'exprimer signifie qu'il faut impérativement prévoir que l'équipe d'intervention emporte un dispositif d'oxygénation. À terme, l'objectif serait de faire un prédiagnostic permettant de gagner de précieuses minutes, le temps que l'équipe de secours parvienne sur les lieux.

À Rio de Janeiro, le Big Data est utilisé par les services d'urgence pour recouper des flux de données issues de différents plans[1]. Au sein de la *situation room* de la municipalité, les officiers municipaux sont ainsi

1. « Rio de Janeiro employs Big Data to run smooth services », *Financial Times*, 11 septembre 2013.

capables de superposer des données de pluviométrie avec celles du trafic urbain, ou encore de celles de la position des bus. L'un des intérêts du dispositif est de permettre de « visualiser » toutes les données liées à un événement ou à un endroit particulier. Les informations ainsi recueillies permettent de prendre des décisions qui vont du déclenchement de sirènes d'alerte – en cas de glissement de terrain dans les favelas situées dans des zones au relief particulièrement accidenté – à l'envoi d'une patrouille de pompiers ou encore à la réorientation du trafic en cas de congestion.

Des poubelles et des déchets urbains

Au cours des dernières décennies, la gestion des déchets est devenue un sujet de préoccupation majeur pour l'ensemble des grandes métropoles. Selon l'Agence de protection de l'environnement des États-Unis, la population américaine produit environ 850 kilos de déchets par personne, soit 250 millions de tonnes à l'échelle du pays. La gestion des déchets américains est une industrie florissante représentant pas moins de 85 milliards de dollars, pris dans le budget des villes. Ces montants sont probablement inférieurs dans les villes moins importantes, mais ils n'en participent pas moins à la démesure globale.

On conçoit sans doute assez facilement que plus les hommes sont nombreux, aisés et actifs, plus leurs déchets sont importants. C'est une indication significative, mais pour autant, il est particulièrement difficile aux services dédiés d'estimer leur quantité quotidienne, quartier par quartier et rue par rue. Qui n'a jamais constaté que tous les réceptacles du local poubelle de son immeuble étaient pleins, simplement parce qu'un ou deux voisins venaient d'effectuer un grand ménage de printemps ? À San Francisco, une ville en pointe pour le traitement écologique des déchets, la gestion de flux multiples de données permet déjà d'obtenir une précision beaucoup plus grande dans le traitement de ceux-ci. Une entreprise finlandaise propose une solution encore plus technologique : Enevo[1] installe dans les poubelles de chaque immeuble des capteurs qui mesurent des variables telles que le volume et la température des déchets pour déterminer le moment optimal de disposer de leur contenu. Un traitement central permet de définir quelles routes optimales le camion de ramassage doit prendre pour effectuer son travail le plus rapidement possible. Selon le PDG de la société, une telle approche aurait permis de réduire les coûts d'exploitation de 30 % dans certaines villes. Dans ce cas, le couple capteur/Big Data permet un niveau d'optimisation sans égal avec les modèles précédents. À terme, il serait certainement possible de prévoir que les lendemains de match de football américain, il conviendra de prévoir plus de camions spécialisés dans le ramassage du verre et du carton pour récolter les bouteilles de bière et les boîtes de pizzas. En soi, rien de révolutionnaire, si ce n'est que l'organisation des collectes pourrait évidemment tenir compte de la concentration des populations les plus intéressées par ce sport – qui concerne moins les communautés asiatiques et hispaniques – pour éviter que certains camions ne se retrouvent pleins avant la fin de leur tournée, tandis que d'autres rentreraient à moitié vides.

1. « Garbage in, data out : Enevo gets funding for its smart waste services », *Gigaom*, 10 avril 2013.

*Un peu d'*open data*

Le potentiel des données au sein des villes est en apparence sans limite. Toutefois, penser la ville comme une initiative centralisée et structurée par les services officiels n'a plus nécessairement beaucoup de sens.

Des cités comme Palo Alto, Californie, ou Boston, Massachusetts, créent des événements pour inciter leurs administrés à se saisir des données ouvertes et à créer les services les plus divers à partir de celles-ci. Une multitude d'initiatives sont apparues – des services d'aide aux ouvriers travaillant sur la route, de garde d'enfants partagée, de signalement de dysfonctionnement des infrastructures routières, des comparatifs de prix immobiliers, etc. –, stimulant l'activité sociale et économique de ces villes. Ces initiatives ne sont pas nécessairement coûteuses, fait observer Jonathan Reichental, le directeur des systèmes d'information de la ville de Palo Alto ; notamment parce que les données sont le plus souvent déjà disponibles, que les technologies *open source* permettent désormais de les mettre en œuvre à coût marginal, et parce qu'il existe généralement une communauté prête à se mobiliser pour aider à la mise en œuvre de ces données. Il est vrai que Palo Alto, ville *geek* par excellence, ne peut être comparée à toutes les villes, dans la mesure où s'y trouve probablement la plus importante communauté de développeurs au monde.

Il est toutefois probable que l'*open data** entre dans une seconde phase de sa courte histoire. Car jusqu'à présent, il convient de reconnaître que nombre de plateformes de publications de données ouvertes qui ont été lancées se sont révélées décevantes, tant peu nombreuses étaient les équipes qui s'emparaient réellement des données pour en faire quelque chose[1]. L'une des vraies barrières se trouvait dans le traitement structuré des données. Avant même de pouvoir faire la moindre utilisation de celles-ci, il convenait de mettre en œuvre des protocoles de tri et de filtrage qui en décourageaient plus d'un. Même si le Big Data n'est pas encore à la portée de tous, il devrait à terme permettre de s'affranchir de cette étape rébarbative. L'existence d'Apis* de plus en plus normalisées, permettant plus fréquemment qu'avant d'accéder à des données en flux, est également de nature à dynamiser l'*open data**. On ne peut pas ne pas mentionner l'importance du *crowd* – de la multitude – pour créer ou compléter des données officielles. Ainsi, dans OpenStreetMap, les bornes à incendie signalées dans de nombreuses régions de France ne sont pas le fait des services de pompiers, mais bien des contributeurs anonymes d'OpenStreetMap. Ces dynamiques sont fondamentales et il ne faut pas exclure que « *Code is Law* », l'expression lancée par Lawrence Lessig, ne fasse que traduire une réalité de plus en plus tangible : ceux qui savent programmer sont finalement plus à même d'influencer les politiques publiques en développant de nouveaux services ou en questionnant le fonctionnement de ceux qui existent.

À propos des démocraties rationnelles

D'autres expériences en matière de démocratie numérique nous en apprennent beaucoup sur la

1. Il y a quatre ans, ma société CaptainDash a développé le portail d'*open data* du Conseil général de Saône-et-Loire. Beaucoup de jeux de données ont alors été « libérés », mais les usages ont finalement été relativement limités.

nature même des débats démocratiques. Plusieurs villes se sont retrouvées face à une ou des décisions importantes pour lesquelles la représentation ne parvenait pas à une décision efficace. Dans le cas de Göteborg il s'agissait de décider où devraient se situer les crèches en ville. La municipalité avait d'abord proposé de les répartir de façon à peu près uniforme dans les différents quartiers de la commune ; certains administrés ont vivement contesté cette proposition en faisant observer que la population en âge d'avoir des enfants n'était évidemment pas uniformément répartie dans la ville. Des associations créèrent alors des cartographies déformées de la ville en tenant compte de la densité des transports en commun, du nombre de jeunes couples et de leurs revenus par quartier. Au vu de ces cartes, il est devenu évident que la proposition de la ville n'avait pas de sens. Mais ce qui est plus intéressant encore, c'est qu'en visualisant ces cartes, même des gens qui avaient milité pour avoir une crèche à proximité de chez eux se prononçaient désormais pour une implantation différente, tant il était devenu évident qu'une approche rationnelle, celle que révélaient les cartes, devait être mise en œuvre. Il y a là la démonstration d'une intuition forte des promoteurs de l'*open data** : l'idée que lorsque les gens sont correctement informés, ils sont capables de mettre en œuvre des politiques publiques intelligentes et allant dans le sens du bien commun. Cela soulève un vrai questionnement : ne pourrait-on pas largement améliorer la démocratie représentative (le modèle le plus répandu et celui de la France), avec toutes ses lourdeurs, ses risques de prises d'intérêts par ses représentants, ses biais manichéens, en permettant aux administrés d'accéder à toutes les informations dans une transparence totale, et en les impliquant systématiquement dans les décisions ?

Il est amusant, et parfois inquiétant, de constater que les acteurs politiques, mais aussi nombre de citoyens, ont un *a priori* sceptique à cet égard. Ils mettent en avant les risques de votes populistes, l'incapacité des citoyens à saisir la complexité de certains sujets. Avant toute chose, on peut contester ces affirmations en rappelant que c'est exactement le même type d'argument qui fut utilisé par la noblesse pour décrédibiliser les principes démocratiques : cette idée que, même bien informés, les citoyens seraient incapables de décider convenablement.

Pourtant, de par le monde, les initiatives d'*open data** se développent tout autant que les nouvelles formes de gouvernance. De nombreux témoignages laissent à penser qu'il est injuste de vouloir sous-estimer les foules, au prétexte qu'elles ne sont pas expertes. À l'égard de sujets aussi variés que l'urbanisme ou en ce qui concerne des enjeux de société comme le mariage homosexuel, les expériences de débats citoyens documentés ont permis de faire apparaître des consensus totalement impensables à première vue. Il y a de bonnes raisons de croire que toutes les technologies de Big Data qui se développent pourraient accélérer la capacité des citoyens à accéder à l'information en disposant d'outils qui permettent de corréler les données, de les « ressouder » et de faire ressortir des signaux faibles, sur des sujets de sécurité, de politique sanitaire, d'éducation, et bien d'autres, qui influencent fondamentalement les politiques publiques. D'une façon générale, il est surprenant de constater combien, une fois que les citoyens ont compris qu'ils sont réellement en situation de responsabilité, ceux-ci s'impliquent, se documentent et finalement parviennent à dégager une solution éclairée, allant dans le sens de l'intérêt général.

L'eau

Avec plus de 7,3 milliards d'êtres humains partageant la même planète et dont le nombre ne cesse de grandir, la demande également croissante en eau crée des convoitises de plus en plus visibles. L'eau n'est pas seulement utilisée pour se désaltérer, mais aussi pour se nourrir. La production d'un seul œuf nécessite plusieurs centaines de litres d'eau, à l'instar de l'ensemble des denrées alimentaires. Les processus industriels sont également d'importants consommateurs d'eau. De surcroît, plus les pays se développent, plus les besoins en eau des populations s'accroissent. Les conséquences de ces exigences se traduisent parfois au travers de captation d'eau par certaines nations au détriment d'autres, et parfois même en confrontations violentes. Celles-ci auraient d'ailleurs représenté plus de la moitié de conflits armés dans le monde en 2012. C'est pourquoi les technologies de Big Data appliquées à l'eau, qui auparavant apparaissaient comme des commodités appréciables, pourraient bien devenir des outils de première nécessité.

En réalité, peu de secteurs d'activité industriels se prêtent mieux à la mise en œuvre d'application de Big Data. Devant la complexité de systèmes industriels qui sont par essence très capillaires et dont les fonctionnalités sont extrêmement diverses – ce sont d'ailleurs les opérateurs de systèmes d'adduction qui ont les premiers inventé les processus dit Scada – et ce dès les années 1960. Les Scada sont des automates industriels de grande ampleur, capables de réagir de façon autonome, en fonction d'un nombre important de paramètres. Toutefois, qu'il s'agisse du traitement des usagers, de détection de fuites sur le réseau, de planification d'opérations de maintenance ou encore de prévention de risques de pollution de tous types, ces systèmes ne sont plus adaptés et, à l'instar de l'informatique traditionnelle, ne réagissent souvent qu'en fonction d'un nombre très limité de paramètres. Or, par nature, un réseau de distribution d'eau génère beaucoup de données et de situations en apparence imprévisibles. Les systèmes de mesure, la pression ou des capteurs de pH installés dans les réseaux d'approvisionnement en eau, les caméras vidéo situées dans les usines de traitement de l'eau, les compteurs des usagers composent quelques-unes des sources régulières de données. À cela peuvent être ajoutées d'autres données externes ou à fréquences plus variables : celles ayant trait aux opérations de maintenance, la météo, qui joue pour une grande part dans la prévision de consommation d'eau, le type de cultures plantées par les agriculteurs et la maturité de celles-ci, etc.

On conçoit qu'une valorisation de ces données permette d'optimiser la gestion de l'eau, le juste dimensionnement des infrastructures, la détection de fuites, la moindre consommation énergétique lors de la mise en œuvre du réseau. De même en ce qui concerne les eaux usées, la capacité de prévoir les utilisations intenses, et d'employer ainsi de façon optimale des bassins de rétention apparaît comme un outil indispensable.

Depuis quelques années, plusieurs expérimentations ou intégrations à échelle réelle de projets Big Data ont pourtant déjà été menées. Ainsi, South Bend (Indiana) était sous la menace d'amendes importantes en raison de son incapacité à traiter convenablement la distribution d'eau à ses administrés. Les travaux nécessaires étaient tellement considérables qu'une autre approche a finalement été retenue. Plutôt que de changer une grande partie des conduites, une analyse fine de l'ensemble des sources de données a permis de détecter quelles étaient celles qui étaient les plus sollicitées, quels étaient les réservoirs à construire pour limiter les pics de flux, et quelles étaient les zones à traiter en priorité en raison de fuites chroniques ou importantes. L'impact de cette stratégie a été payant : la ville considère avoir économisé pas moins de 100 millions de dollars, ce qui, à l'échelle d'une commune d'environ 150 000 habitants, est considérable – sans parler des 60 millions de dollars d'amendes ainsi évités.

L'intérêt d'une telle approche est que, même avec un environnement limité en nombre de capteurs, il est possible d'avoir une capacité de supervision très puissante par détection des corrélations « anormales » : les données d'un seul compteur sur un ensemble de maisons permettent souvent de détecter une fuite, si par exemple la demande ne tombe jamais à zéro. Certains acteurs du Big Data, comme Takadu, se sont d'ailleurs spécifiquement développés sur ce créneau. Certains de leurs clients déclarent avoir réduit très significativement le niveau de perte de leurs réseaux, particulièrement dans les pays en développement où le taux de fuite peut parfois atteindre plus de 50 % de l'eau effectivement distribuée. En Grèce, au Portugal, en Ouganda, en Éthiopie, en Afrique du Sud et dans de nombreux autres pays, des stratégies d'amélioration des systèmes de distribution de l'eau sont mis en place avec l'aide du Big Data ; si ce secteur d'activité n'est pas le premier domaine d'application du Big Data, c'est certainement l'un des tout premiers, et il n'y a que peu de doute sur le fait que la demande devrait décupler dans les années à venir.

Smart Grid : *au-delà du* buzzword, *une nouvelle approche*

Au XXIe siècle, l'énergie continue et continuera de représenter un enjeu stratégique. La croissance démographique des pays du Sud, mais également l'enrichissement des nations font que la demande en énergie devrait encore doubler d'ici à 2050. Il devient manifeste qu'elle ne pourra pas être satisfaite si l'on maintient le modèle actuel au risque de provoquer des dégâts irréversibles sur l'écosystème de notre planète. Aujourd'hui encore, plus de 80 % de l'énergie utilisée dans le monde est d'origine fossile[1]. Le doublement des quantités produites par ce biais ferait croître de façon dramatique l'émission de CO_2 et engendrerait des perturbations climatiques qui pourraient prendre des proportions cataclysmiques à l'échelle de la planète. C'est la raison pour laquelle l'ensemble des nations essaient désormais de privilégier des modes de production énergétique plus écologiques, faisant intervenir systèmes éoliens, hydrauliques, solaires ainsi que – la notion d'« énergie écologique » sera contestée par certains – nucléaires.

Produire est une chose, mais l'enjeu est aussi de distribuer et de consommer efficacement. Or à l'égard de l'énergie électrique, les occasions de faire des économies sont extrêmement significatives. Ne serait-ce que parce que la demande se concentre dans des périodes extrêmement courtes dans le temps. Une meilleure gestion des besoins permettrait ainsi de considérer l'allocation énergétique de façon très différente. Bien entendu, nombre d'outils pour limiter la dépense énergétique relèvent de l'organisation sociale. Ainsi, dans certains pays – Chine, pays scandinaves –, les horaires de bureaux, mais également des crèches,

1. Rapport 2012 de l'Agence internationale de l'énergie.

des écoles, des services publics, ont été décalés d'une demi-heure ou d'une heure pour éviter que tout le monde ne mette en route son grille-pain, puis utilise les transports en commun au même moment. Or, certains travaux de recherche feraient apparaître que 80 % des besoins en infrastructures électriques n'ont été conçus que pour répondre à une sollicitation qui représente une durée infime sur une année. Autrement dit, si les besoins étaient constants – ce qui n'est évidemment pas envisageable –, on pourrait se passer de près des quatre cinquièmes de l'outil productif électrique.

Nous avons vu plus haut qu'il en est de même en matière de transports : des infrastructures utilisées plus rationnellement, optimisées par les données, pourraient être considérablement moins importantes ; à défaut de pouvoir retenir les gens chez eux, ou de leur demander d'aller travailler plus tôt, c'est en utilisant les data qu'il est possible d'envisager des systèmes plus efficaces. Des considérations industrielles entrent évidemment ici en œuvre. Dans le modèle des infrastructures électriques traditionnelles, il n'y a qu'une gestion en fin de compte relativement rudimentaire de l'adéquation entre l'offre et la demande énergétique. Jusqu'au début du XXIe siècle, les unités de production électrique étant en nombre réduit en facilitaient la gestion. Mais depuis l'émergence des sources d'énergies alternatives – solaire, éolienne... –, le réseau devient beaucoup plus complexe à gérer. Le fait qu'il soit rarement possible[1] de stocker les

---

1. Certains lacs-barrages utilisent les surplus d'énergie produits par le réseau (généralement les centrales nucléaires, mais aussi l'énergie éolienne) dans les phases creuses de demande pour « remonter » l'eau qu'ils ont utilisée pour produire de l'énergie dans les phases de forte demande.

surplus d'énergie produits ne simplifie évidemment pas les choses. De surcroît, de nouvelles dimensions doivent être prises en compte : l'émergence de véhicules électriques d'une part, qui devraient avoir un impact croissant sur la structure des réseaux ; celle de la demande issue du monde numérique, que nous évoquerons dans le prochain chapitre, et le fait que les consommateurs d'énergie pourraient à long terme devenir pour une bonne part d'entre eux également des producteurs. La gestion des infrastructures électriques modernes ne pourra alors plus reposer sur des superviseurs centralisés, ne prenant en compte qu'un nombre limité de paramètres avancés, comme la météo ou les vacances scolaires, pour planifier l'accroissement ou la baisse de la demande au plan national. Progressivement, les réseaux vont tenir compte d'une quantité de variables bien plus nombreuses. Ils deviendront dynamiques, intelligents ; et des *learning machines** se placeront désormais au cœur du processus décisionnel. Les mises en route d'unités de production seront liées à une multitude de facteurs : certes la température, mais aussi la mesure de différentes formes d'activité humaine et la caractéristique du réseau en de nombreux points. Des expérimentations menées par Schneider Electric à Lyon ont ainsi démontré que des dispositifs dynamiques permettaient d'éviter de coûteux redimensionnements d'infrastructures, et augmentaient très sensiblement la qualité de l'énergie fournie[1]. De même, lors des heures de pointe, contrôler l'instant précis auquel les métros vont redémarrer lorsqu'ils quittent les stations permettrait d'éviter qu'ils ne le fassent tous ensemble et limiterait la sursollicitation du réseau.

1. Accusine, testée sur le quartier de Lyon Confluence par Schneider en 2013.

On conçoit donc aisément que dans un réseau qui reposera désormais sur une multitude de points de production et de consommation – dépendant des conditions climatiques, du vent et du soleil en ce qui concerne la production ; de la température et du moment de la journée en ce qui concerne la consommation –, les paramètres à prendre en compte soient suffisamment nombreux pour qu'il faille s'en remettre à des outils de type Big Data, permettant un traitement multivarié. Ces dispositifs commencent à exister. Ils reposent largement sur une grande quantité de capteurs, disposés en tout point du réseau. Chez les particuliers, les compteurs intelligents représentent souvent la pierre angulaire d'une telle stratégie. Ils seront suivis par d'autres dispositifs[1], des gestionnaires de chauffage – du type Nest[2] – ou des appareils disposés plus en amont sur le réseau, capables de mesures à l'échelle d'un immeuble, pâté de maisons, ou même d'un arrondissement entier. Certains de ces objets intelligents sont capables de remonter des informations aussi riches que la variation de tension, la température des câbles, la variation de fréquence... Tout cela est transmis en temps réel au gestionnaire du réseau ou au producteur, qui s'adaptera en conséquence.

Ces équipements sont d'autant plus aisés à intégrer que depuis au moins une quinzaine d'années, les gestionnaires d'infrastructures de transport d'électricité ont fréquemment mis en place des réseaux de fibre optique lorsqu'ils installaient ou rénovaient des lignes

1. Il convient également d'évoquer l'initiative dite de *green button* du gouvernement américain, qui permet à tout usager de récupérer, via un *green button* situé sur les applications et le site Internet de son fournisseur d'électricité, l'ensemble des données le concernant : www.greenbuttondata.org.
2. Nest, société rachetée par Google fin 2013.

à haute tension. Parfois d'ailleurs, la fibre se trouve dans l'âme même du câble haute tension. Il ne s'agit pas ici d'évoquer des principes permettant de gagner quelques pourcents d'économie : les experts évaluent les gains possibles d'une gestion rationnelle d'un réseau d'énergie nationale à plusieurs dizaines de pourcents, sous réserve de faire d'importants changements sur la structure même du réseau et sur l'organisation – l'administration – de la demande. Que l'on apprécie ou non le choix politique de l'Allemagne de sortir du nucléaire, il est important de savoir que les gains d'opportunité possibles au travers d'une telle approche ont été l'un des facteurs qui ont permis aux Allemands de penser qu'ils seraient à même de réussir cette transition : disposer d'un réseau beaucoup plus intelligent et réactif, et produire de façon différente.

Big Data et consommation

Il est impossible de passer sous silence le fait que l'énergie dévolue au numérique représente déjà 10 % de la consommation totale d'énergie électrique, en prenant en compte la consommation des réseaux de télécommunications[1]. C'est plus que toute l'énergie que consomme l'industrie aéronautique, et l'équivalent de ce qu'utilisait toute la planète pour s'éclairer en 1985. Il y a là de quoi se demander si les gains de productivité que l'on escompte des données ne sont pas en grande partie annihilés par cette consommation débridée d'énergie. Cela est d'autant plus une interrogation que la consommation issue du numérique, mais également des centres de données où se

1. Voir *GeSI SMARTer 2020 : The Role of ICT in Driving a Sustainable Future.*

déroulent les opérations de traitement de type Big Data, connaissent un développement effréné, qui n'a d'égal que le développement des usages que chacun constate tout autour de soi. Si l'on considère qu'environ 2 milliards d'êtres humains « seulement » ont accès aux services digitaux, on peut assez aisément escompter que les 5 autres qui n'y accèdent pas encore le fassent dans un futur proche et créent une demande supplémentaire en proportion. Si l'on ajoute à cela que le numérique consomme de l'énergie électrique principalement produite à partir de charbon, la première photographie de l'ère ds données n'est pas particulièrement écologique et bénéfique à la planète.

Il n'y a pas nécessairement de raison de désespérer pour autant, car la loi de Moore s'applique également à la consommation d'énergie. Tous les dix-huit mois, les ordinateurs sont ainsi capables de doubler de puissance, avec une consommation d'énergie qui reste à peu près identique. Cependant, si la consommation par ordinateur (ou par smartphone ou tablette) n'augmente pas, le nombre de serveurs que l'on met en œuvre pour faire fonctionner les services de *cloud* croît, lui, de façon exponentielle. Regarder un film en streaming consommerait autant d'énergie que de rouler en voiture pendant dix minutes pour se rendre à la salle de cinéma à quatorze reprises. Des sociétés comme Comcast (un câblo-opérateur américain), qui prévoient que faire migrer plus de 80 % de leur parc d'abonnés sur du streaming IP, pourraient être à eux seuls à l'origine de la consommation de deux à trois centrales nucléaires. Une consommation qui recouvre tout à la fois l'alimentation des smartTV et celle des *datacenters* qui « streameront » les émissions et films.

Cette situation est donc d'autant plus préoccupante que l'on n'a encore trouvé aucune solution élégante à court terme pour réduire significativement la consommation énergétique des produits et services numériques. Certes, on peut espérer que les microprocesseurs optiques, que l'on escompte très économes en énergie, puissent introduire une rupture technologique de nature à réduire soudainement la consommation énergétique de l'ensemble des microprocesseurs, mais il s'agit là de perspectives lointaines. De même, on sait que l'optimisation des systèmes de *cloud* ouvre des perspectives de gains de performance et d'énergie considérables[1]. On peut par ailleurs parier sur le fait que les grands opérateurs de *cloud*, poussés par un marché de consommateurs sensibles à l'origine de l'énergie électrique que leurs opérateurs de données utilisent, sélectionnent des fournisseurs d'énergie progressivement moins polluants.

Le Big Data en tant que tel occupe pourtant là aussi un chapitre à part : en étant massivement distribué et en permettant un traitement de requêtes extrêmement variées, et ce beaucoup plus efficacement qu'auparavant[2], il réduit considérablement, en théorie, le coût de détention, d'administration et donc la dépense énergétique nécessaire au traitement de données ; de surcroît, le potentiel d'optimisation reste important. Pourtant, cela reste l'un des reproches récurrents que l'on adresse notamment à Hadoop*. Ce *framework* est considéré comme énergétiquement vorace et des solutions ont été conçues pour en limiter la consommation. Mais si l'on parvenait à réduire significativement les dépenses énergétiques des *clusters** Big Data, ceux-ci ne seraient pas hors-sol. Les *clusters* Big Data sont

1. En particulier en séparant les lectures de fichiers statiques, que l'on réplique en différents endroits pour les amener au plus près du consommateur, d'avec les traitements de données qui nécessitent des temps de calculs, généralement réalisés de façon centralisée.
2. MIT Research, http://bigdata.csail.mit.edu/node/89.

connectés à des infrastructures de réseau et des terminaux dont la performance énergétique, on l'a vu, ne progresse que faiblement.

La situation risque donc de devenir en de nombreux points comparable à ce qu'était devenu l'univers automobile au milieu des années 1970 : une filière que l'on avait favorisée sans bornes, malgré ses inconvénients pourtant nombreux ; accidents, pollution, consommation énergétique firent l'objet d'une prise de conscience progressive, et il n'en fallut pas moins des décennies avant que l'on n'en reprenne – quoique très partiellement à ce jour – le contrôle.

DEUXIÈME PARTIE

Entrer dans l'univers des data

1

Culture ou technologie ?

L'ère de la plateforme

Nombreux sont les chefs d'entreprises, les acteurs institutionnels, politiques, les simples citoyens qui ne réalisent pas ce que représente le potentiel des données. Et parmi les chefs de grandes entreprises, beaucoup nient même qu'il existe un réel potentiel. Lorsque émergea l'univers du Web dans les années 1990, on entendait à peu près la même rengaine de leur part : « Ça n'est pas pour moi, ça n'est pas une nécessité immédiate. » Les entreprises ne percevaient pas la valeur économique de l'Internet qui, au mieux, leur apparaissait comme un nouveau format de diffusion de leurs brochures publicitaires.

Quand, au cours de l'été 2014, CaptainDash a commencé l'analyse de l'agilité numérique du Cac 40 avec le magazine *Enjeux Les Échos*, il est apparu très clairement que le Big Data effrayait les directeurs des systèmes d'information, tant il s'inscrivait en rupture par rapport aux processus traditionnels. Car, contrairement à une idée reçue, le Big Data ne représente pas qu'un enjeu technologique : introduire le Big Data au sein d'une entreprise revient à privilégier les processus transversaux au détriment de l'organisation en silos, si propice à la préservation des petits pouvoirs individuels. L'ère de la « plateforme » ou l'unification des processus informatiques au sein d'une seule

« plateforme numérique », qui délivre tous les services à l'intérieur de l'entreprise ainsi qu'à l'extérieur, sont l'alpha et l'oméga des sociétés californiennes. À cet égard, on notera de façon allégorique que les CEO (*chief executive officers*) des entreprises du Cac 40 ont leur bureau feutré situé dans les derniers étages de hautes tours – à La Défense par exemple –, isolés du grouillement des équipes. Tout le contraire des entreprises californiennes dont les sièges sont généralement horizontaux, tandis que le bureau du CEO (directeur général) est parfois situé dans un espace ouvert, au sein même des équipes en charge des fonctionnalités de la plateforme. Seules restent isolées des fonctions traditionnelles RhH, G&A (gestion et administration) ou finances.

C'est le règne de la plateforme, poussé à l'extrême grâce au potentiel des traitements de grandes données. Une organisation qui repose sur la mise en œuvre de principes ouverts, fondés sur une plateforme unifiée, largement distribuée par des Apis*. Le Big Data – et donc la plateforme qui l'héberge – induit une nouvelle forme de fonctionnement largement décentralisée qui n'est possible que parce qu'elle est mise en œuvre dans le cadre d'un projet d'entreprise extrêmement rigoureux. Pour en assurer la cohérence, celui-ci est généralement orchestré directement par le CEO. Le plus souvent, la stratégie de plateforme et d'Api* fait l'objet de règles simples et génériques. Jeff Bezos, le CEO d'Amazon, en a par exemple édicté cinq[1].

1. Toutes les équipes doivent rendre leurs données accessibles via des Apis*.

2. Les équipes doivent communiquer entre elles par l'intermédiaire de ces interfaces.

1. « The Secret to Amazon's Success Internal Apis », *API Evangelist*, 1er décembre 2012.

3. Il ne pourra exister d'autre forme de communication entre les applications : pas de lien direct spécifique, pas d'exportation de données d'équipe à équipe, pas de base de données partagée sans ouverture via une Api*. La seule communication de données autorisée doit se fait via une Api* documentée.

4. Il n'y a aucune règle en ce qui concerne les choix technologiques.

5. Toutes les Apis*, sans exception, doivent être conçues dès le départ pour être externalisables. L'équipe qui développe l'Api* doit faire en sorte qu'elle puisse à terme être accessible par les développeurs du monde. Pas d'exception à cette règle.

Pour être certain d'être bien compris, Jeff Bezos ajouta que quiconque s'affranchirait de cette règle serait immédiatement renvoyé. En réalité, « Big Data » et « plateforme » sont ici des notions considérées comme interchangeables. Certes, on peut tout à fait développer des services de Big Data rendant de grands services et, pour les entreprises, qui soient contributeurs de valeur sans pour autant disposer d'une plateforme unifiée. C'est d'ailleurs généralement le cas de toutes les entreprises françaises traditionnelles qui ont mis en place des projets Big Data. Toutefois, à terme, il est peu probable que le Big Data se réduise à des contributions isolées tant son potentiel est important. Si les silos d'informations ont été créés au sein des grandes organisations, c'est bien parce que les limitations techniques les ont imposés, façonnant ainsi largement l'organisation traditionnelle des entreprises. Maintenant que le potentiel des données se révèle au travers de *datamarts*, ou systèmes de gestion de données unifiés, il ne fait guère de doute que les entreprises et grandes organisations vont devoir se repenser, tenant compte de ce nouveau paradigme. Il convient de le répéter avec insistance : le Big Data n'est pas qu'une technologie, mais bien une nouvelle structure d'information et donc de management. C'est une nouvelle façon d'interagir avec la réalité. Il a donc un impact très substantiel sur la façon dont les organisations fonctionnent, ainsi que sur la culture même des entreprises et des systèmes. L'acceptation de l'échec doit par exemple être reconnue et valorisée : les plateformes permettant une agilité sans précédent, il est plus facile d'essayer. Favoriser une culture « intrapreneuriale » est donc non seulement souhaitable, mais aussi nécessaire, particulièrement dans un contexte où les limites des données sont encore loin d'être connues. Or, comme le Big Data peut avoir un impact significatif sur le mode de fonctionnement de l'entreprise, mais que ses processus de mise en œuvre sont interdépendants avec le métier de l'entreprise, il est difficile de proposer une méthode de mise en œuvre du Big Data qui convienne à tous. *A minima* pourtant, quelques points d'étapes semblent difficilement contournables.

Étape 1. Comprendre et faire comprendre le potentiel des données au sein de leur organisation

Vu les impacts prévisibles d'une stratégie Big Data sur l'organisation d'une entreprise, le sujet doit être directement pris en charge par le directeur général afin qu'il soit publiquement reconnu comme un enjeu stratégique. Tous les exemples réussis le prouvent. Une volonté claire d'unification des données au plus haut niveau de management de la société permet d'éviter les luttes intestines, les insoumissions, les faux-fuyants et le scepticisme dévastateur. Une stratégie Big Data ne peut déployer son potentiel que si toutes les données sont versées au sein de la même plateforme, et si les bonnes pratiques sont insufflées par le haut : mise en œuvre d'Apis* ou de connecteurs de données ouverts à tous les collaborateurs de l'entreprise, culture de l'innovation et donc de l'expérimentation, valorisation des fonctions transversales plus à même d'extraire de la valeur des données. Sous-estimer le choc culturel que représente la valorisation des données est une erreur fréquemment observée dans les organisations. Certes, le CEO est parfois sensibilisé à ces enjeux – ou peut-être est-ce le directeur marketing, ou encore le directeur financier. Mais en réalité il est important que l'ensemble du *top management* et du *middle management* soit rapidement formé et sensibilisé. Dans la mesure où il s'agit d'un modèle en rupture avec beaucoup de notions qui préexistent, il est illusoire d'imaginer que les mentalités vont évoluer d'elles-mêmes à une vitesse suffisante pour préserver un avantage compétitif chèrement acquis. Des plans de formations adéquats, des séminaires, voire des visites de sociétés californiennes les plus emblématiques du secteur, pour les cadres les plus directement concernés, sont quelques-unes des pratiques essentielles.

Étape 2. Identifier des domaines d'application prioritaires en interne et au travers de partenariats

Pour toute organisation, il y a de nombreux champs dans lesquels l'utilisation des données pourrait être intéressante, mais il est souvent préférable de se concentrer en premier lieu sur ceux permettant d'extraire le plus facilement de la valeur. Une cimenterie aura par exemple plus intérêt à s'intéresser aux données liées à sa consommation d'énergie qu'une entreprise d'audit qui, elle, aura plus intérêt à s'intéresser aux données issues du contrôle de gestion. Le choix d'un ou de plusieurs secteurs pour initier des programmes à l'égard des data nécessitera une analyse étendue au travers de groupes de travail, tout en testant la volonté des responsables les plus emblématiques de chacun de ces univers. Il est également opportun de consulter les partenaires de l'entreprise à même de participer à ces travaux de traitement de données. Fréquemment, clients et fournisseurs détiennent des jeux de données qui peuvent receler de précieuses informations, lorsque ceux-ci sont corrélés avec celles de l'entreprise. Ce qu'il était impossible de faire seul devient alors une opportunité tangible. De nouveaux services, parfois très innovants, naissent fréquemment d'alliances improbables. Ainsi, la start-up VroomVroom a-t-elle pu utiliser les données issues d'Etalab[1], l'*open data* français, pour créer une offre de choix d'auto-écoles à partir de leurs taux de réussite aux examens de permis de conduire[2]. Cela reste une petite société, mais avec quelques salariés elle est nettement profitable. De même, certains supermarchés peuvent désormais fournir la composition exacte en lipides des achats de la semaine d'un ménage, à partir des données transmises par chacun de leurs fournisseurs. Autre exemple : aux États-Unis, la société Hertz s'appuie sur les demandes de réservation dans les hôtels pour prévoir le nombre de voitures qu'elle devra mettre en place dans les aéroports. Il faut également avoir à l'esprit que les données concernant la démographie d'un territoire, ses caractéristiques économiques, ses

1. Etalab est le nom du service officiel de l'*open data* français rattaché au Premier ministre.

2. « Les 6 lauréats du 3e *concours Dataconnexions* », le blog de la mission Etalab, 26 juin 2013.

flux de voyageurs, de marchandises et de nombreux autres sont fréquemment accessibles à des coûts marginaux. Parfois via des syndicats professionnels, des associations, des ONG ou d'autres entreprises qui détiennent une donnée qu'il serait intéressant de comparer à celle que l'on détient déjà. Évidemment, cela peut impliquer des négociations commerciales d'un genre nouveau consistant à définir une répartition de la valeur avant même que l'on ait une idée du potentiel de ce que l'on cherche à faire. À l'issue de cette première étape, si les tests sont concluants, ces mêmes partenaires peuvent également devenir des distributeurs de ces services nouvellement créés.

Étape 3. Jouer avec les données

Au sein de cette nouvelle ère technologique des données, il est préférable de ne pas escompter de retour sur investissement à court terme. Si la profitabilité issue de l'ère des données est importante, la taille critique à atteindre l'est également. C'est d'ailleurs pourquoi Bill Schmarzo, consultant réputé aux États-Unis[1], recommande, quelle que puisse être la stratégie de l'entreprise, de privilégier quelques *quick wins* (victoires faciles) dans les domaines où la société est le plus à l'aise. Mon expérience personnelle au sein de CaptainDash me pousserait à faire une observation complémentaire : il suffit que les collaborateurs d'une entreprise aient la possibilité de visualiser les données pour qu'ils se rendent compte de leur potentiel et soient ainsi convaincus qu'il s'agit d'un nouveau levier de croissance. C'est pourquoi

1. Bill Schmarzo, auteur de *Big Data. Tirer parti des données massives pour développer l'entreprise*, First Interactive, Paris, 2014.

le métier de notre société n'est autre que de réaliser des tableaux de bord – *dashboards* – permettant de « synchroniser » facilement des jeux de données qui, habituellement, ne sont jamais vraiment comparés l'un à l'autre, parce qu'ils proviennent soit de systèmes d'information différents, soit de différentes BU (*business units* : divisions au sein de l'entreprise). Superposer les ventes avec la pression publicitaire, par exemple, semble *a priori* un exercice anodin ; mais un exercice dont la grande majorité des entreprises, en réalité, sont incapables de s'acquitter sans erreur méthodologique qui biaise fondamentalement la représentation. En étant un peu juge et partie, je recommanderais donc vivement aux entreprises de passer par une étape de « jeu avec les données ». Il ne s'agit pas à proprement parler d'un investissement significatif. Cela n'implique en rien de centraliser les données, mais plus simplement d'y accéder, de telle sorte que l'on puisse les aspirer dans un cube pour en extraire toutes les visualisations souhaitées. Le résultat est presque toujours le même : la visualisation des données possède une sorte de pouvoir magique et rend concret leur potentiel. Voir une courbe qui monte, une répartition des ventes par canal sur un graphique est souvent beaucoup plus convaincant qu'une litanie de chiffres égrainés semaine après semaine et que l'on a tendance à oublier. C'est souvent d'ailleurs pourquoi, après une première phase de test, les entreprises souhaitent étendre autant que possible la mise en œuvre de tableaux de bord dans toutes leurs divisions. Outre le fait que cela introduit une culture des données, cela formate sensiblement les organisations autour de KPIs (*key performance indicators,* indicateurs clés de performance), sensibilisant ainsi tout le monde autour d'un objectif commun.

Étape 4. Administrer et faciliter l'usage de données partagées

Lorsque la culture des données aura déjà largement contaminé une ou plusieurs divisions de l'entreprise, celle-ci pourra commencer à créer des projets complexes autour de la plateforme, intégrant des dispositifs de type *learning machine** par exemple. Il s'agirait alors d'identifier, puis d'acquérir des jeux de données thématiques issues du système d'information de l'entreprise, ou provenant de l'*open data* ou encore de l'« entreprise élargie[1] ». Il pourrait s'agir de données sociodémographiques, ou de données de flux en masse sur la circulation des individus, ou de leurs déplacements tracés via leurs téléphones mobiles. Bien entendu, on pourra utiliser ces données dans le cadre du projet défini et s'en tenir là, surtout si le projet s'avère être un succès. Toutefois, Jeff Bezos fait observer qu'une fois imposée la mise en place d'Apis* rendant accessibles les données « acquises » dans le cadre d'un projet précis, il n'est pas rare de voir rapidement une autre équipe, au sein de l'entreprise, utiliser ces mêmes données pour développer un autre projet.

La contribution d'un CDO (*chief data officer*) au sein d'une organisation peut être souhaitable, particulièrement dans celles qui disposent d'une culture traditionnelle et dans lesquelles le CEO (directeur général) doit organiser tout à la fois la gestion du business courant ainsi que sa transition vers un nouveau modèle d'affaires digital. Le CDO devrait nécessairement être

1. Cette notion d'« entreprise élargie » recouvre en général l'ensemble des services de données accessibles par l'entreprise, mais détenues en réalité par des tiers. Ainsi, Google Analytics détient des données sur de nombreuses entreprises qui sont hautement sensibles, de même que SalesForce, Amazon et de nombreuses autres opérant en mode Saas*.

rattaché au CEO faute de légitimité suffisante pour effectuer sa mission. Son rôle sera principalement de faire passer l'entreprise d'un modèle vertical à un modèle beaucoup plus transversal.

Étape 5. Construire une offre compréhensible et attractive pour l'écosystème numérique ainsi que pour les utilisateurs finaux

Dans un premier temps, il suffit de fédérer quelques jeux de données autour de la thématique que l'on entend adresser. Toutefois, ce simple enjeu va soulever de nombreuses questions au sein de l'organisation : qui a le droit d'accéder à ces données ? Pour en faire quoi ? Quels sont les usages autorisés ? Lesquels seront interdits ? On imagine mal une société disposant des références des cartes de crédit de ses clients les rendre accessibles à tous ses collaborateurs ou même à ses plus hauts cadres dirigeants. Dans le même esprit, on conçoit que des données en apparence plus anodines, comme la liste des achats de membres d'un foyer dans un hypermarché, puissent également en dire beaucoup. Consomme-t-il beaucoup d'alcool ? De boissons sucrées ? Utilisées de façon inconsidérée, ces informations peuvent être à l'origine d'abus manifestes à l'égard des consommateurs et des citoyens. À ce stade, constituer un groupe d'experts, consulter les autorités compétentes – la Cnil* en France – sont un préalable nécessaire et raisonnable. Nous évoquerons plus loin l'émergence d'un autre profil de dirigeant qui apparaît au sein des comités de direction de certaines entreprises américaines : le *chief privacy officer*, ou directeur de la protection des données personnelles.

Afin de distribuer les données dans les meilleures conditions, des Apis* pourront finalement être créées et utilisées à plusieurs niveaux : elles peuvent être spécialisées et n'être publiquement accessibles que sur accord écrit du directeur général ou encore de l'un des responsables d'une des divisions de l'entreprise ; ou plus largement accessibles à l'ensemble des collaborateurs à l'intérieur de l'organisation. Certaines pourraient également être ouvertes à des collaborateurs extérieurs (l'entreprise élargie), d'autres enfin pourraient être créées pour la multitude ; les clients finaux, *consumers* de l'entreprise, mais tout aussi bien des gens qui n'ont rien à voir avec elle.

A priori, on serait en droit de se demander pourquoi des personnes qui n'ont aucune relation avec la marque pourraient utiliser ces données. Pourtant, la valeur d'un tel geste est beaucoup plus significative qu'on ne l'imagine. En agissant ainsi, l'entreprise se définit en effet comme une plateforme, maximisant de fait les opportunités d'interactions avec le *crowd* (multitude des développeurs). Elle va ainsi favoriser l'éclosion d'un écosystème de « codeurs » qui auront une meilleure connaissance des fonctionnalités de sa plateforme, des caractéristiques de ses Apis*. À terme, ces codeurs pourraient être sollicités par l'entreprise sur d'autres sujets, d'autres Apis*, et eux-mêmes pourraient utiliser leurs savoirs et la connaissance qu'ils ont des Apis* de l'entreprise pour les valoriser au sein d'un autre projet potentiellement source de valeur pour l'entreprise.

Ces Apis* devront évidemment tenir compte de l'ensemble des paramètres de marché : sécurité, réglementation, performance, etc. Elles représenteront un véritable contrat entre l'entreprise et toutes les parties qui seront amenées à les utiliser. Un contrat fonctionnel, car leurs caractéristiques techniques intrinsèques structureront une vaste partie de leur champ d'utilisation : le type de données auxquelles ces Apis* donnent accès, le volume d'échanges de données possibles, la vitesse à laquelle ces échanges sont réalisés, etc. Elles pourront être complétées par des obligations contractuelles auxquelles se soumettrait l'utilisateur de l'Api* avant d'accéder aux données de l'entreprise.

Étape 6. Mobiliser l'écosystème numérique pour développer les services thématiques

Une fois que toutes ces étapes seront réalisées, il restera toutefois un enjeu d'importance : s'assurer que les tierces parties que l'on souhaite voir utiliser les Apis* le font effectivement. Et cela ne va pas nécessairement de soi. D'une part parce que les Apis* sont généralement réservées à des codeurs qui ont une culture moderne, pour lesquels Api* et plateforme sont des notions communes. D'autre part parce que les Apis* ne sont pas nécessairement perçues d'emblée à leur juste valeur, tout au moins dans un premier temps.

Il faut alors faciliter l'appropriation de ces Apis* par l'écosystème numérique et leur médiatisation par des rencontres auxquelles les codeurs peuvent participer – des hackathons – et faire valoir leurs talents. Ces événements sont généralement associés à des prix pour les applications les plus remarquables, originales... et dotés d'une petite somme d'argent, ainsi, parfois, que d'une proposition de collaboration avec l'entreprise. Ces hackathons peuvent bien entendu être complétés de séminaires, de médiatisation des meilleures pratiques, etc.

Les hackathons les plus réussis sont généralement ceux qui sont sponsorisés par plusieurs entreprises regroupées – et non par une seule. Les Apis* sont de ce fait en plus grand nombre, et le croisement de jeux de données issues de plusieurs entreprises offre parfois de plus grandes chances de voir apparaître un service vraiment innovant. Il serait également important de ne pas sous-estimer l'utilité des acteurs institutionnels. Par exemple, une société spécialisée dans les services aux petites entreprises pourrait facilement mobiliser la Centrale des bilans pour accéder à des statistiques détaillées sur les entreprises françaises, secteur par secteur.

Former, recruter et gagner en agilité digitale

Ce sont des questions qui reviennent souvent. Comment peut-on faire en sorte que des dizaines de milliers de collaborateurs s'intéressent au numérique et y acquièrent une agilité ? Comment faire pour que les directeurs soient réellement au fait des enjeux numériques, au-delà d'une apparente maîtrise de Facebook ? On peut certes envoyer ses cadres en formation, et il s'agirait probablement d'un préalable, mais il faut y associer une volonté claire de transformer intégralement l'entreprise, car c'est de cela qu'il s'agit. Les cadres peuvent être mobilisés plusieurs semaines durant dans des masters qui commencent à se développer, en France comme dans les universités d'élite de la côte ouest américaine, mais les Moocs (*Massive open online course*, cours massif en ligne) représentent également des solutions très intéressantes, aussi bien pour les cadres que pour les employés[1]. Ce seront également pour beaucoup la mise en œuvre de processus transversaux, la valorisation de l'échec, le développement de projets de type agile qui aideront à la contagion digitale. *A contrario*, les initiatives sans fond, qui visent à donner des

1. Voir à ce sujet l'excellent dossier sur les Moocs dédiés au Big Data de DataBusiness.fr, mai 2014.

tablettes hors plan de formation, comme malheureusement l'on en voit trop souvent aussi bien dans les entreprises que dans les administrations publiques, n'ont qu'une efficacité marginale.

Identifier et nommer un chief digital officer *(CDO)*

Bien que les CDO soient encore peu nombreux – et en très vaste majorité œuvrant outre-Atlantique –, leurs profils sont désormais clairement définis. Mélange de mathématiciens et de développeurs, ils disposent surtout d'une solide expérience managériale et savent déployer des trésors de diplomatie au sein de l'entreprise. Certains CDO peuvent être d'anciens directeurs des ressources humaines, directeurs des opérations ou encore directeurs financiers, plus rarement des directeurs informatiques ou des directeurs du marketing. Leur rôle consiste essentiellement à expliquer aux différentes divisions l'intérêt d'une gestion transversale des données. Ils doivent être capables de convaincre plutôt que d'imposer, ils aident également les différentes divisions à utiliser leurs propres données, ainsi que celles qui proviendraient d'autres divisions. Ils encouragent les projets pilotes et disposent d'un budget autonome de la direction informatique à cette fin. Ils ont une culture très fine de ce que représente le fonctionnement d'une grande entreprise et sont les bras armés d'une stratégie digitale et des données. Ce sont avant tout des pédagogues et des diplomates. Ils vont devoir exercer une sorte de *soft power* pour parvenir à faire travailler ensemble des divisions souvent très autonomes, accéder à des données confidentielles et à haute valeur et rassurer les directeurs de division sur leur rôle dans un univers aplati et transversal.

Il est difficile de donner une fourchette de prix de marché à l'égard des CDO tant ces postes restent rares en Europe. On ne se trompera pas en disant que la rémunération d'un CDO se situe au même niveau que celle de son équivalent hiérarchique au comité de direction de l'entreprise, particulièrement le CIO (*chief information officer*, directeur des systèmes d'Information). L'erreur à ne pas commettre serait d'ailleurs de rattacher le CDO à la direction informatique. Cela reviendrait à reconnaître que l'ancien monde continue à régner sans partage et que le CDO reste un subalterne des processus informatiques tels qu'ils existent. Mais recruter un CDO ne pourrait pas non plus être en soi la garantie du succès d'une mutation d'une entreprise vers les données. Si le CDO n'est pas fortement soutenu par le CEO (directeur général) voire par le conseil d'administration, le risque est fort que les résistances au changement ne l'emportent.

Data scientist : *vraiment le métier le plus cool du monde ?*

Que n'a-t-on raconté sur les *data scientists* ! Présentée comme le « métier le plus cool du monde » par de nombreux magazines américains, cette fonction, il est vrai, fait l'objet d'une demande considérable de la part d'entreprises et start-up désireuses de se lancer dans le domaine des data. En Californie, un programmeur disposant d'une expertise moyenne en Big Data verra aisément son salaire passer la barre des 100 000 dollars par an. Un expert passera largement au-delà des 200 000 dollars, tandis que certains spécialistes confirmés pourraient gagner des multiples de ces montants[1]. Dans ce pays, le marché est presque hors de contrôle

1. « Big Data's High-Priests of Algorithms », *WSJ*, août 2014.

et les entreprises ont le plus grand mal à conserver les compétences qu'elles ont souvent participé à former. En France toutefois, le faible décollage du Big Data limite l'inflation et les salaires sont incomparablement plus modestes. Une bonne compétence Hadoop* se situera dans les 50 000 euros annuels, tandis qu'un expert confirmé restera en deçà des 100 000 euros, sauf dans les métiers de la finance.

A minima, les *data scientists* ont une solide formation en mathématique statistique, mais également en géométrie ainsi qu'en topologie. À cela, il convient d'ajouter une expertise informatique de bon niveau. Maîtriser des langages de type C semble indispensable. D'autres langages, tels que Java (dans lequel est écrit Hadoop*) ou SQL, peuvent être des atouts importants. Une bonne maîtrise des environnements de données – structure et fonctionnement des bases de données et des systèmes d'information – est également nécessaire.

Data miner, data analyst, data manager

Bien entendu, d'autres profils évoluant dans l'univers des data peuvent compléter l'effectif d'une entreprise.

– *Data miner* : il s'agit d'un profil disposant de compétences minimales en statistiques et éventuellement en informatique. Le *data miner* est dévolu aux opérations liées à des traitements génériques sur les données, de leur fabrication à leur analyse. Une bonne maîtrise statistique suffit généralement pour accéder à ce niveau d'expertise.

– *Data analyst* : il s'agit d'une fonction relativement « senior » dévolue avant tout aux statisticiens et aux mathématiciens de formation. Le *data analyst* dispose le plus souvent d'une culture poussée des données et a déjà évolué au sein d'organisations complexes.

– *Data manager* : son parcours professionnel l'a conduit à mettre en forme des données de sorte qu'elles puissent être exploitées par les équipes des différentes fonctions de l'entreprise. De fait, le *data manager* a souvent une bonne expérience des outils de type *analytics*. Son rôle est de garantir une homogénéité dans les données mises à disposition au sein de son entreprise.

Quels que soient leurs formations et leurs parcours, il est important que ces profils n'aient pas une culture trop marquée par celle des grandes entreprises où les projets s'expriment au travers d'architectures rigides, planifiées avec un niveau de détail qui empêche la prise de risque. Or c'est exactement le contraire de ce qu'il convient de faire à l'égard des données : il faut accepter de prendre des risques. Le monde des données est et restera un monde de surprises. Les spécialistes de la topologie ne cessent d'évoquer le Big Data comme la discipline capable de faire apparaître un éléphant au milieu des données. En d'autres termes, les projets de Big Data sont des projets de rupture, car les découvertes que l'on fait en analysant les données sont parfois loin de ce que l'on envisageait trouver, ou même chercher, au départ.

Il n'en reste pas moins que, dans la mesure où les formations en Big Data ne sont apparues en France qu'en 2012 dans le meilleur des cas, et qu'elles n'ont concerné dans un premier temps que quelques dizaines de personnes, les experts actuellement à l'œuvre ont souvent des parcours disparates. On peut néanmoins résumer assez simplement les compétences nécessaires, dont la première est un très bon niveau en mathématiques.

On comprendra donc, à la lecture des lignes qui précèdent, que les entreprises et organisations voulant développer des projets de Big Data ne sont pas près de disposer d'experts accessibles à un prix de marché raisonnable. Au vu du niveau d'expertise nécessaire, ces compétences resteront de longues années hors de prix. Peu de comparaison possible avec ce que certains d'entre nous ont connu avec les experts HTML dans les années 1990. Même si ceux-ci ont pu dicter leur loi quelques années durant, ils sont devenus accessibles et même surabondants dès l'éclatement de la bulle digitale en 2001. C'est loin d'être le cas avec le Big Data et, pour autant qu'ils aient une appétence pour les maths, chacun peut sans crainte conseiller à ses enfants de s'orienter dans ce domaine. Leur avenir est assuré, au moins pour la dizaine d'années à venir !

Le chief privacy officer : *gadget ou nécessité ?*

Apparue des deux côtés de l'Atlantique au cours des années 2000, la fonction de CPO (*chief privacy officer*) s'est renforcée au fur et à mesure que croissaient les données personnelles détenues par les entreprises. En France, un *chief privacy officer* est également dénommé « correspondant informatique et libertés » (Cil) et répond à une définition légale de la Cnil*. L'émergence d'une réglementation plus contraignante – principalement le règlement européen des données adopté en 2015 par le Parlement –, mais surtout les enjeux du Big Data devraient renforcer la présence de cette fonction au sein des grandes entreprises, et également au sein des start-up qui parfois manipulent des quantités considérables de données sensibles.

Le CPO type possède un parcours juridique ; il est généralement rattaché à la direction des ressources humaines. Toutefois, les CPO pourraient, en raison des enjeux de nature de plus en plus technologique qui leur seront soumis à l'avenir, disposer également d'une culture scientifique. Il est à noter qu'aux États-Unis, les CPO sont les principaux interlocuteurs du régulateur (la FCC, Federal Communications Commission) au travers de leur puissante association professionnelle (l'IAPP, International Association of Privacy Professionals) ; ils sont également très écoutés de l'ensemble de l'industrie numérique ainsi que de l'administration américaine. Nul doute que l'avènement du Big Data, de la *learning machine** et de la *predictive data* va considérablement accroître le champ des responsabilités des CPO.

Au-delà, on peut sans trop de risques de se tromper prédire que les avocats et juristes spécialisés dans le thème des données personnelles ne seront pas au chômage dans les années qui viennent. Ces enjeux ont des implications si considérables qu'il n'est pas impossible qu'ils occupent bientôt des départements entiers dans les grandes firmes d'avocats.

Devenir data-compatible

On le voit, la route vers les données n'est pas évidente, tant elle fait appel à des modèles qui sont en rupture conceptuelle avec ce que nous connaissons aujourd'hui. Pour conclure ce chapitre toutefois, il me semble nécessaire d'insister sur l'importance des six règles énoncées plus haut, car celles-ci sont évoquées invariablement par l'ensemble des acteurs qui évoluent dans le monde des données.

Mais au-delà des aspects d'organisation interne, l'approche la plus vertueuse consiste souvent à essayer de résoudre des problèmes concrets : aller dans le sens du consommateur, chercher à lui rendre service, et s'il n'apprécie pas, c'est qu'il faut changer. Il est souvent difficile de prévoir la réaction des consommateurs à l'égard des enjeux des données. Certains services, en apparence très intrusifs, ne font l'objet d'aucune contestation. D'autres – comme le *retargeting* évoqué plus haut – sont vécus par beaucoup comme une agression. C'est donc en expérimentant et en observant le comportement des consommateurs que l'on peut s'adapter et adopter la juste posture. Cela semble être également une approche à recommander en ce qui concerne l'initiation d'une démarche d'innovation à partir du Big Data.

2

Data, Big Data et… marketing

C'EST peu de dire que le marketing représente l'un des domaines de prédilection du Big Data, mais aussi l'un de ceux qui suscitent le plus d'inquiétudes quant aux abus possibles. La simple innovation qui a consisté à permettre aux publicités d'un site d'e-commerce que l'on aurait visité de se répandre sur d'autres sites que l'on visiterait ultérieurement – le *retargeting* – a fait l'objet de vives critiques et continue à faire polémique. Il ne s'agit pourtant encore que d'une mise en œuvre très limitée des données, et plutôt d'une astucieuse gestion des *adservers,* ces plateformes qui distribuent les bannières et autres formats publicitaires sur Internet, mais elle n'en a pas moins fait polémique.

Agences publicitaires et agences créatives

Un livre ne suffirait pas à raconter dans le détail toute l'histoire du développement de la publicité, donc du marketing. Cette histoire est d'ailleurs intrinsèquement liée à l'expansion de la société de consommation et de l'ère industrielle. Le marketing symbolise on ne peut mieux le monde occidental : alors que celui-ci est mû par une société de l'offre, où les produits quels qu'ils soient trouvent preneur, le marketing est longtemps parti du même principe.

Il convenait de faire des publicités agréables, mettant en évidence quelques-unes des valeurs du produit proposé, et d'acheter de l'espace publicitaire en bonne quantité. Jusqu'à la fin des années 1990, le monde est resté ainsi, soit relativement simple. Il n'y avait que quelques grands canaux dans lesquels il était pertinent d'annoncer : la presse papier, l'affichage sur les panneaux publicitaires, la radio, et surtout la télévision. Bien sûr, d'autres vecteurs publicitaires existaient : le *street-marketing* ou le *sponsoring* sportif par exemple, mais ceux-ci ne modifiaient pas outrageusement la règle du jeu.

Tout allait pour le mieux dans le meilleur des mondes : les consommateurs appréciaient les publicités issues des agences de marketing et consommaient les produits fabriqués par les industriels... Le marché s'est fortement structuré entre les agences de publicité et les agences médias.

Le rôle des premières consiste principalement à créer des publicités originales, qui vont marquer le consommateur. Certains d'entre nous se souviennent de « Dubo, Dubon, Dubonnet », que l'on pouvait voir dans les tunnels sombres du métro parisien, et qui faisait la promotion d'un alcool aujourd'hui disparu, ou encore de « Du pain, du vin, du Boursin » qui vantait les qualités d'un fromage à l'ail qui, lui, existe toujours. Ces slogans sont typiques de ce dont sont capables les créatifs d'agences. Des années durant, le métier de publicitaire était une profession enviée, car créative et surtout très représentative de la société de consommation de masse.

Pour que les créations des publicitaires soient vues, il existait – et il existe toujours – les agences médias, spécialisées dans l'achat d'espaces publicitaires : affiches dans le métro, spots à la télévision, pages de magazines, etc. Leur objectif consistait à construire un « plan média » qui visait à s'assurer que l'on touche le plus de consommateurs potentiels possibles pour un produit donné. On imagine bien qu'il était assez peu approprié d'annoncer dans *Jours de France*, un magazine traitant de la vie sociale des rois et des comtesses dont le public était réputé assez âgé et traditionnel, pour essayer de vendre une boisson énergisante.

C'est pourquoi l'expertise de ces agences consiste à définir les caractéristiques idéales des médias permettant de toucher les consommateurs potentiels.

En dehors des agences médias, peu d'acteurs peuvent prétendre avoir commandé autant d'études, réalisé autant d'analyses, décrit aussi précisément les caractéristiques démographiques de chacun des supports médias, ce qui se passait dans la tête du consommateur, ce qui allait s'y passer dans le futur, la façon dont on pouvait pénétrer ses ressorts secrets, etc. Un privilège que les agences médias partagent toutefois avec leurs clients annonceurs.

Marques et annonceurs

Est-ce que l'on peut imaginer une entreprise où le service du design ne communiquerait pas avec celui du marketing, qui lui-même ne parlerait jamais à celui des ventes, lequel n'aurait aucune idée de ce que veut, en fait, la direction générale ?

Eh bien, c'est un peu la conséquence de l'organisation actuelle des fonctions marketing. Il n'existe aucune autre activité dans l'entreprise où les décisions soient prises de façon aussi peu rationnelle et suivant des paramètres aussi ténus. Le marketing n'est pas une discipline scientifique, mais plutôt une tentative de rationalisation des comportements humains qui, par essence, ne sont pas rationnels et surtout ne cessent d'évoluer. En toute réalité, le marketing n'est souvent qu'une vaste tentative de postjustification de son besoin d'exister. Avez-vous déjà essayé de connaître l'efficacité exacte du marketing dans votre entreprise ? Avez-vous réussi à obtenir un seul chiffre crédible ? Au corps défendant des acteurs du marketing, il faut avouer que c'est impossible ; le marketing, par expérience, est une fonction de coût, et bien souvent, cette efficacité est confondue avec la performance de l'entreprise. Si les produits ne sont pas efficaces, c'est la faute du marketing, et le marketing se justifiera de son inefficacité en évoquant la faiblesse intrinsèque des produits. L'une des conséquences évidentes réside dans l'inconfortable position dans laquelle se trouvent tous les directeurs marketing. Selon plusieurs études[1], les directeurs marketing représentent les fonctions les plus instables au sein du management des entreprises, avec une durée en poste de l'ordre de trente mois et des *minima* à vingt-trois mois dans certains segments économiques ! En réalité, la fonction marketing représente trop souvent la variable irrationnelle des entreprises : si ça marche, c'est grâce au marketing, et si ça ne marche pas, c'est à cause du marketing.

Mais comment pourrait-il en être autrement ? Un directeur marketing confronté à des consommateurs du segment *consumer* reçoit en moyenne cinquante rapports par semaine : *analytics* web, *analytics* des réseaux sociaux, panels divers, analyse du résultat des campagnes, vente par secteurs et par produits, tests des nouveaux produits, analyses concurrentielles, etc. Toutes ces informations sont intéressantes ; beaucoup doivent être de nouveau traitées, c'est-à-dire faire

1. IBM/*Forbes*.

l'objet d'études complémentaires, pour prendre de la valeur au sein de l'entreprise, mais la vision de synthèse, la compréhension générale, reste difficile, sinon impossible à obtenir. Le directeur marketing est comme l'opérateur d'une centrale nucléaire face à un tableau de bord comprenant des milliers de cadrans, sauf que dans la très grande majorité des cas, les informations données par chacun de ces indicateurs vont être traitées indépendamment les unes des autres, en silo : si l'efficacité d'un média semble bonne, on va augmenter l'investissement, sans tenir compte de l'effet global. Or, la centrale nucléaire marketing est totalement interdépendante : modifier un paramètre a nécessairement un impact sur l'ensemble des autres, pour une raison simple : tous sont finalement dépendants de la réaction d'un seul facteur, dénommé le consommateur.

Le panel comme outil de compréhension du consommateur

C'est au cours des années 1960 que la compréhension des besoins du consommateur s'est organisée autour de « panels » : des études assez poussées, visant à définir des profils types et des besoins standardisés, sont effectuées. Le pouvoir des panels est extraordinairement puissant : ce sont eux qui vont décider de l'évolution du panier moyen de la ménagère, des prix, des innovations, de la façon d'organiser les promotions et la publicité en général. Ceux-ci sont construits à partir de sondages effectués sur des échantillons types, censés être représentatifs. On ne peut contester que cette approche ait convenablement fonctionné au moins jusqu'à la fin du millénaire. Mais elle n'en a pas moins enfermé le consommateur dans une approche très générique. Cela n'a pas empêché l'ensemble de l'industrie du marketing de s'y commettre, croyant ainsi connaître mieux que quiconque les besoins des consommateurs, leurs envies. Après avoir massifié la production, la distribution, rationalisé la logistique, systématisé la promotion, les distributeurs et les marques se sont finalement convaincus que le marketing était une science simple et que les consommateurs allaient bien finir par rentrer dans une petite boîte. Des années durant, tout s'est bien passé. Certes, il fallait innover. Il fallait sans cesse baisser les prix, inventer les marques de distributeurs, fidéliser les consommateurs avec des cartes de fidélité, mais les panels restaient inébranlables et centraux dans l'organisation du marketing.

Le problème, c'est que tout cela – sous des apparences de choix raisonnables – ressemble fortement à une vaste conspiration collective. Personne ne sait bien ce que valent des études où les consommateurs sont enfermés dans une pièce pour que l'on recueille un avis qui ne vaudra pas beaucoup plus que l'idée qu'avait le consommateur au moment où on lui a demandé de répondre.

Mille anecdotes évoquent les biais qui existent dans les panels. Un jour, une société qui fabriquait des postes radio demande aux participants d'un « focus groupe » quelle est la couleur qu'ils préféreraient : à des couleurs classiques – noir, gris et beige –, on a rajouté quelques couleurs vives – jaune, orange et rouge. Tous les participants du panel semblent d'accord pour dire que le jaune est particulièrement réussi. Seule une femme tient au gris. À la fin, pour les remercier d'avoir participé, on offre à chacun un appareil : les différents modèles sont exposés dans le hall d'attente et chaque participant est libre de choisir celui qu'il préfère. Quel ne fut pas le désappointement du commanditaire du focus groupe, qui avait commandé le panel, quand il constata que tous, sans exception, prirent un poste gris, noir ou beige ; une claire indication du peu de valeur des informations que l'on recueille dans ce genre d'exercice.

La question de la qualité des tests et des panels n'est pas récente : elle date des années 1970, alors que plusieurs sociétés qui avaient choisi de travailler exclusivement de cette façon ont connu des échecs cuisants : les panels sont imprécis, ne révèlent pas toujours les besoins réels du consommateur et, surtout, empêchent la vraie innovation de se manifester.

On pense alors à la phrase de Henry Ford (qui n'a pas, et de loin, connu l'ère du panel) : « Si j'avais demandé au consommateur ce qu'il voulait lorsque j'ai conçu la Ford T, il ne fait aucun doute qu'il m'aurait répondu "un cheval plus rapide". »

Par ailleurs, des produits qui avaient été pensés pour répondre à un besoin de niche – la Renault Espace ou le Bifidus Actif, par exemple – sont devenus des succès massifs, contrairement à tout ce que les études avaient pu anticiper !

Les directeurs marketing savent bien cela, et c'est pourquoi ils n'accordent qu'une importance relative aux tests produits – tests quali – et s'en remettent surtout à la façon dont les produits sont reçus par le marché. Et même ainsi, certains produits sont parfois difficiles à évaluer : les teintures de cheveux en crème de L'Oréal ont mis des années avant de devenir un succès. Il fallait en effet que les femmes comprennent son mode d'emploi et en parlent à d'autres femmes autour d'elles pour que le produit commence à gagner leur confiance. Il a fallu l'intuition et l'obstination d'un chef de produit pour qu'il connaisse enfin le succès, aujourd'hui massif et global.

Le problème de la fonction marketing est que la difficulté ne s'arrête pas là. Car lorsque l'on a un bon produit, auquel on croit, encore faut-il le faire savoir en concevant les bons messages, en les communiquant au bon prospect, à la bonne cible et, de surcroît, de façon efficace.

Le plan médias

Si l'on exprimait les choses un peu vivement, on pourrait résumer la définition d'efficacité pour l'investissement médias, telle qu'elle a prévalu durant des décennies, comme se résumant à un tapis de bombes marketing. Une bonne campagne doit faire en sorte qu'un grand nombre de gens voient le produit que l'on souhaite promouvoir et en comprennent les principaux avantages. C'est le fameux GRP (*gross rating point)* : le nombre de personnes appartenant à la cible recherchée qui voient effectivement le message. Pour beaucoup, ce commentaire doit sembler particulièrement injuste, tant l'industrie du marketing a dépensé d'énergie à essayer de qualifier, de quantifier et d'organiser des campagnes millimétrées destinées à accroître l'efficacité des messages proposés. Le format, la durée, le contenu des messages faisait (et fait encore) l'objet de tests très poussés, avant, pendant et après le lancement effectif de la campagne.

En parallèle, un *media planner* élaborera un plan médias en s'appuyant sur des études de marché, des historiques d'autres campagnes, un travail de statistiques et de probabilités. Son objectif est de s'adapter et d'optimiser la rentabilité de l'investissement de son client.

C'est évidemment assez compliqué de trouver le bon mélange de télévision, de radio, d'Internet, d'affichage, etc., pour, selon le lieu ou le moment, atteindre au mieux le public-cible au moindre coût tout en minimisant les risques ; reconnaissons-le, il existe une bonne part de doigt mouillé dans cette affaire. Beaucoup d'éléments de la méthodologie du *media planning* sont questionnables dans la mesure où ils ne peuvent prétendre à créer du retour sur investissement quantifiable. Ainsi l'utilisation de tel ou tel réseau publicitaire – par exemple un réseau de radio de province – se fera en fonction d'une étude qui dit que, pour toucher de jeunes consommateurs, l'efficacité de ce réseau est importante, que si l'on veut cibler une ménagère de 50 ans, il est préférable d'utiliser des panneaux d'affichage situés en entrée de ville, et ainsi de suite. Tout cela repose sur des informations qui sont plus souvent créées par l'annonceur lui-même. Et quand bien même elles seraient créées par un organisme indépendant – il en existe de nombreux –, les méthodes utilisées reviennent à compter des grains de couscous avec des gants de boxe, tant celles-ci sont grossières et, disons-le tout net, manquent cruellement de fiabilité.

Mais le plus contestable finalement dans cette organisation, c'est la prétention qu'il y a à croire que le consommateur se comporte probablement comme on le souhaite : après s'être levé de bon matin, il écoute à la radio la publicité qu'on lui a concoctée, prend sa voiture pour aller au travail, voit le message qui complète celui qu'il a entendu à la radio et avec un peu de chance, finit par acheter ledit produit la prochaine fois qu'il entrera dans un supermarché. Le consommateur doit se comporter comme s'il appartenait rigoureusement à la catégorie à laquelle on l'a assimilé, à son sociostyle ; des mythologies entières ont été construites sur le comportement de la ménagère de moins ou plus de 50 ans.

Ce qui est advenu était toutefois prévisible : plutôt que de rentrer dans la boîte, le consommateur a commencé à devenir moins docile. Dans l'ensemble du monde développé, les distributeurs de masse ont peu à peu rencontré des problèmes avec la compréhension de ce que souhaitaient réellement leurs consommateurs : marques et distributeurs durent se rendre à l'évidence, ils avaient désenchanté la consommation. Ils avaient tellement industrialisé l'ensemble de l'expérience de consommation que le consommateur en avait la nausée. Dans la distribution, le jeu fut d'autant plus troublé qu'apparaissaient simultanément des acteurs d'une nouvelle catégorie : les e-commerçants. Nombreux furent ceux qui partirent en croisade contre ces nouveaux acteurs, sans même se poser la question de savoir s'ils avaient réellement fait le ménage chez eux, s'ils n'étaient pas devenus irrespectueux des vraies exigences des consommateurs, de l'environnement, et souvent des cultures locales. D'autres cependant pressentaient qu'ils allaient devoir se réinventer en totalité ; ne plus penser le marketing comme un moyen d'accrocher à moindre coût le consommateur, mais créer une réelle interaction avec lui, en faire un partenaire plus qu'une cible occasionnelle. Le panel, en particulier, commença à être largement contesté, en tant qu'il se révélait responsable de biais notoires, engendrait incompréhension et erreurs… Il était temps de passer à autre chose.

Communautarismes numériques

Il faut désormais en faire le constat : les sociétés occidentales, que l'on pouvait autrefois résumer en quelques sous-groupes, sont devenues éminemment complexes et diverses. Les voyages, l'immigration, l'accès de chacun à de plus vastes univers culturels, mais aussi la virtualisation des rapports humains ont décuplé la complexité des univers qui nous composent. L'individu peut désormais, grâce au numérique, largement créer des interactions fortes avec une myriade de communautés : celles qui caractérisent son origine – bretonnes, italiennes, marocaines... –, celles qui concernent le lieu où il a vécu enfant, celles encore qui le lient à ses études, ses loisirs, ses activités sociales, culturelles, etc. Ces communautés peuvent prendre des formes extrêmement diverses et ne sont souvent l'objet d'aucune structuration formalisée.

En apparence, les liens qui nous unissent à chacune de ces communautés semblent ténus ; pourtant, ils peuvent se matérialiser brutalement et avec une efficacité insoupçonnée, comme lors de la révolte des bonnets rouges, des pigeons, ou des manifestations antimariage homosexuel... À chaque fois, les corps politiques – à l'instar des acteurs du marketing dans leurs univers – se sont retrouvés totalement démunis face à ces mouvements apparemment spontanés. Il est vrai que leurs outils d'analyse ne leur permettaient absolument pas de présupposer la capacité de ces groupes informels à émerger aussi violemment dans le débat public. En soi, cela illustre bien le déphasage qui existe entre un modèle d'organisation ancien de la société – politique ou commerçante – et la nature même de ce qu'est devenue notre société. Chacun d'entre nous est devenu un métissage complexe de centres d'intérêt, dont certains peuvent être en apparence contradictoires. On peut être à la fois fan du PSG, passionné de culture celtique, membre de la direction d'une banque, de gauche...

Ces communautés ne sont généralement liées *a priori* que par la cause commune qui les anime. Ainsi, à l'égard de la révolte des bonnets rouges, des groupes d'origines politiques très diverses se sont agrégés autour d'une cause commune. En conséquence, leurs capacités de mobilisation n'en sont que plus fortes : les acteurs de la communauté peuvent s'engager à fond dans la cause qu'ils défendent ensemble, sachant qu'ils sont parfaitement libres de préserver ce qui, par ailleurs, fait leur identité en tant qu'individu. C'est le paradoxe apparent du monde contemporain : nous sommes affiliés à une multitude de communautés et en même temps, cette multitude nous rend unique. Nous vivons dans une ère qui valorise plus qu'aucune autre avant elle l'individu et l'individualisme.

Pour les marques, on peut concevoir que cela n'est pas, en apparence, une très bonne nouvelle. Cela signifie qu'elles risquent le plus souvent de créer des produits et des messages qui ne sont plus adaptés au plus grand nombre. Certaines ont déjà réagi en développant une personnalisation infinie de leurs produits, à l'exemple d'Apple qui permet à chacun d'installer dans son iPhone les applications qui le caractérisent. Coca-Cola propose à présent dans de nombreux pays de pouvoir acheter des cannettes et bouteilles portant son prénom. Et si certains prénoms exotiques ne sont pas disponibles en magasin, il est possible de placer une commande personnalisée sur le site de la marque. Or, le Big Data pourrait être la solution pour traiter chaque client comme un cas unique, un cas remarquablement particulier.

« Marketing as a Big Data platform »

L'école marketing, qui a prévalu depuis plus d'un siècle, semble donc s'essouffler, et ce pour les raisons qui viennent d'être évoquées. Les messages qui étaient véhiculés uniquement par trois ou quatre canaux médias (télévision, radio, presse et affichage) sont à présent remplacés par une avalanche de canaux qui touchent chacun le consommateur d'une façon différente. Agences médias comme agences créatives se retrouvent souvent à courir après leurs clients, incapables de les conseiller efficacement, tant elles ont des difficultés à évoluer face à ces changements radicaux. De surcroît, il faut ajouter que le consommateur n'est plus face à deux ou trois produits, mais parfois à une centaine sur le même segment (en particulier dans les segments soin et beauté). Enfin, on l'a vu, « le consommateur » ne rentre plus dans des cases. Il est devenu complexe, et ses communautés d'intérêts sont variables. Le processus publicitaire actuel revient à jouer aux fléchettes dans le noir : on a une estimation du lieu où se trouve la cible et il faut lancer les cinq flèches en espérant que l'une d'elles fera mouche ; et évidemment il faut avoir à l'esprit que d'autres marques font exactement la même chose, au même instant... Le mieux est de garder son calme en se disant que tout le monde est dans la même situation et que, puisqu'il y a un budget à dépenser, autant ne pas se questionner outre mesure.

Pour certaines marques cependant, les plateformes et le Big Data sont devenus une réponse particulièrement adaptée à ce qui reste un constat déprimant pour beaucoup. Au-delà des notions techniques qu'elles véhiculent, les plateformes caractérisent l'outil qui permet de gérer efficacement une relation de plus en plus continue avec le consommateur. L'apparition du *brand content* et de la cocréation[1] et,

1. Deux notions qui, en soi, permettraient d'écrire un ouvrage entier, tant elles modifient également la façon dont les marques peuvent communiquer avec leurs clients, mais aussi plus généralement avec tous ceux qui sont en contact avec elles, de près ou de loin.

d'une façon générale, le développement des contenus sociaux poussent les marques à essayer d'unifier leurs approches. Pour parfaire tout cela, il faut ajouter que la gestion multicanale n'est possible qu'au travers de dispositifs entièrement nouveaux, tant les systèmes de CRM* traditionnels sont désormais au-delà des limites pour lesquelles ils ont initialement été conçus.

L'enjeu, en apparence, est donc éminemment complexe : il consiste à avoir une perception unifiée de ce que souhaitent l'ensemble des clients tout en étant capable d'avoir une vision singulière du parcours-client ; il faut aussi être à même de proposer une interaction individuelle avec chacun d'entre eux.

Il s'agit pourtant là d'une prouesse que permet le Big Data : mettre en œuvre une nouvelle approche dans la gestion des données qui permette tout aussi bien des corrélations massivement multifactorielles que la création de cinématiques individuelles et, de plus en plus, en temps réel. Être capable de proposer à chaque passager de la classe business d'une compagnie d'aviation les magazines qu'il aime personnellement, disposer d'un historique de ses vols au sein de la compagnie pour pouvoir personnaliser la conversation le cas échéant, lui proposer uniquement des films qu'il n'a pas encore vus, lui envoyer sur sa page Facebook la liste des titres de musique qu'il a écoutés à bord (et lui suggérer une nouvelle playlist appropriée), l'informer du temps précis qu'il mettra à rejoindre son hôtel en tenant compte des conditions prévisibles de trafic à l'arrivée : tout cela relevait encore il y a peu de la science-fiction, mais devient aujourd'hui possible. On retrouve d'ailleurs assez distinctement les 3 V évoqués plus haut : volume de données liées aux millions de passagers d'une grande compagnie, variété des sources et vélocité des traitements, qu'il convient souvent de faire pour ainsi dire en temps réel.

Dans la plupart des entreprises, le premier écueil consiste à lutter contre l'héritage technologique. Cela semble difficile à comprendre mais des données issues de systèmes d'information conçus à des époques différentes, structurés de façon très hétérogène d'un silo à l'autre, n'ayant que peu de facteurs de comparaison, sont très difficiles à rapprocher et à manipuler. On conçoit clairement que des données issues d'un AS400, comprenant des codes génériques représentant des catégories de produits, de métier, de typologies de consommateurs, ne soient pas nécessairement faciles à rapprocher avec des *like* et des profils Facebook. C'est pourtant l'une des prouesses du Big Data que d'offrir la possibilité de jeter, entre des points de données, des ponts par lesquels un ensemble de champs seront synchronisés de façon plus ou moins optimale.

Il est donc à présent possible de traiter des données très hétérogènes. Bien sûr, dans de nombreux cas, il n'existe pas d'identifiant unique permettant de rapprocher les consommateurs pour avoir une compréhension exacte de ce qu'ils font. Beaucoup de données, principalement sur les activités hors ligne (*off line*), sont anonymes ; on sait que 3 500 personnes sont passées devant une affiche publicitaire, mais on ne sait pas qui elles sont. En revanche, on peut savoir que monsieur Y habite à tel endroit et qu'il va nécessairement voir la campagne d'affichage en se rendant à son travail, en train ou en voiture (ce que l'on ignorait totalement jusqu'à présent). Dans une moindre mesure, on sait qu'il y a 3 millions de téléspectateurs devant leur poste lorsqu'une publicité d'une marque donnée passe à l'écran, sans que l'on ait une idée très précise de qui sont ces utilisateurs ; mais on peut savoir ce que monsieur Y a posté sur son réseau social depuis son domicile. Il y a donc une probabilité plus élevée qu'il ait vu cette publicité télévisée. On peut aussi observer que monsieur Y est fan de sport et de nature dans la mesure où nombre de ses commentaires sur les réseaux sociaux évoquent ces notions. Tout cela, on le comprend, permet d'avoir une meilleure appréciation de ce qui, individuellement, définit la relation que le consommateur entretient avec la marque.

On le conçoit donc, les opportunités qui découlent d'une telle approche sont significatives et ne seront à terme limitées que par la créativité des gens de marketing. Les opportunités offertes par la plateforme *Big Data marketing* seront ainsi résumées :

– Le traitement individuel est désormais envisageable et même nécessaire : le niveau de personnalisation possible est infini et les traitements individuels, autrefois réservés à quelques univers comme la finance ou le luxe, sont désormais accessibles aux services de masse.

– La réunification du parcours client est dorénavant à portée de main ; c'est un enjeu technologique, mais également organisationnel : il faut modifier les processus de sorte que des données auparavant perdues (l'exemple des playlists écoutées par le passager d'une compagnie aérienne) soient valorisées.

– Les données peuvent permettre de faire de la détection de tendance, de la prévision ou de la prévention : elles permettent de détecter des signaux faibles, autrement invisibles. Une marque de luxe a ainsi détecté qu'une montre qu'elle ne fabriquait plus était l'un des principaux sujets de conversation à son propos dans les réseaux sociaux. Elle a réussi à quantifier la valeur de ces conversations, pour décider finalement de produire de nouveau ce modèle. On l'a également vu, Qantas a pu limiter l'attrition de ses clients encartés grâce à une détection précoce des comportements caractérisant le départ vers d'autres compagnies.

Ces notions démontrent clairement qu'il s'agit de profiter de cette mutation technologique pour mettre désormais le consommateur au centre de la stratégie de l'entreprise. Un principe évident en apparence, mais pas toujours respecté, on le sait.

Big Data et marketing : pourquoi c'est évident

Il est aisé de concevoir que, d'ici une ou deux décennies, le Big Data signera la fin du marketing traditionnel tel qu'il existe encore. Il sonne le glas de l'omniprésence des panels et du règne des sociotypes, ces instruments qui définissent des cibles de consommateurs à partir desquelles sont construites les campagnes marketing et publicitaire. Le Big Data pousse la notion de personnalisation des campagnes à son apogée. En faisant interagir la multitude de données que l'on recueille sur un consommateur, on arrive à déterminer plus finement des campagnes qui sont adaptées à chacun, qui sont pertinentes et ne tombent pas comme un cheveu sur la soupe. C'est la fin des encarts publicitaires sur lesquels l'œil ne fait que passer, la fin des publicités pour des médicaments contre la chute des cheveux alors que c'est un adolescent qui est en train de surfer et qu'il ne se sent pas le moins du monde concerné (ou tout du moins pas encore).

Face à cette révolution, pousser brutalement des messages sans interaction n'aura bientôt plus beaucoup de fondement : les marques continueront évidemment à le faire, mais elles pourront tout aussi bien s'attacher à collaborer avec leurs clients, et d'une façon générale, à renforcer leur interaction avec eux.

Bien entendu, on ne peut nier les risques de déviance que font peser les technologies de Big Data sur les consommateurs. Pour autant, le scénario n'est pas écrit par avance : la montée en puissance de la voix des consommateurs au cours des vingt dernières années permet d'envisager un chemin plus vertueux, où les marques s'attacheraient à travailler de concert avec leurs clients, plutôt que contre eux. Cela ne veut pas dire qu'il n'y aura pas d'abus, ni qu'il n'y aura pas besoin de régulation : c'est une observation qui consiste à rappeler que l'histoire prévisible n'est pas toujours écrite d'avance.

À ce titre, il est intéressant d'observer que les marques les plus puissantes ont souvent une capacité d'écoute, si ce n'est de prise de risque, vis-à-vis de leurs consommateurs très supérieure à la moyenne. Adeptes de la conversation, elles ont compris que leur pérennité ne repose plus sur une placardisation agressive de leur logo, mais bien plutôt sur une capacité à se faire apprécier et, avant tout, à faire en sorte que leur identité devienne la quasi-propriété de leurs consommateurs. Elles tendent ainsi à donner la main à leurs clients en leur permettant d'émettre des messages à leur place, avec une grande liberté. C'est au consommateur de dire où il veut aller, et c'est à la marque de traduire cette attente dans ses offres. Toutes ces nouvelles notions démontrent que le marketing subit une mue probablement plus forte encore que celle qu'il connut au cours des Trente Glorieuses. Les outils traditionnels du CRM*, un temps recyclés sous l'appellation de *Business Intelligence*, se trouvent aujourd'hui battus en brèche par les outils de *learning machine** et le potentiel d'individualisation du traitement qu'ils permettent.

En réalité, le Big Data marketing pourrait aboutir à une proposition radicale : dans la mesure où sa vocation est de personnaliser ses services à un niveau absolu, il pourrait bien faire disparaître le marketing absolument. Devenu un service, celui-ci serait alors invisible. C'est la quête de certaines agences de communication, qui rentrent au sein de métiers qu'elles n'auraient jamais imaginé aborder il n'y a qu'une dizaine d'années : devenir un allié objectif de la mission du produit et finalement cesser de vendre du rêve pour vendre de la réalité concrète et utile.

3

L'impact économique des données

Servification

Et finalement, pourquoi les data et le Big Data ne seraient-ils rien de plus qu'une nouvelle technique ? Pourquoi ne seraient-ils pas, au-delà des gains de productivité évidents qu'ils procurent, des forces de nature à changer les règles du jeu ?

En réalité, les règles du jeu ne seront désormais plus les mêmes. Et une entreprise qui ne les aurait pas comprises n'aurait à terme guère de chance de subsister. Le Big Data n'est en effet pas une technique que l'on apprivoise pour l'intégrer dans le processus de production. Il s'agit plutôt d'un changement de paradigme majeur. Un fabricant de matelas peut utiliser le Big Data pour essayer d'optimiser son processus de production. Prévoir un accroissement de la demande, détecter le moment où il importe d'effectuer des opérations de maintenance sur son outil de production… en cela oui, le Big Data peut être assimilé à un outil, un moyen d'accroître la productivité.

Mais que penser de sa capacité à remettre en cause la vocation même de ce fabricant de matelas ? Quelle magnitude sismique affecter à une technique qui ferait que celui-ci ne pourrait plus trouver ses marges dans la fabrication de matelas, mais bien plutôt dans le fait qu'il procure un sommeil de bonne qualité à ses clients ?

Car c'est de cela qu'il s'agit : de la *servification* de l'outil de production industriel, pour commencer[1]. Et un fabricant de matelas pourrait bien un jour se voir supplanter par un acteur du Big Data qui aurait trouvé, en analysant via un ensemble de capteurs, un moyen d'offrir un bien meilleur sommeil que pourrait le faire le meilleur des matelas à ses clients. Et cela est loin d'être une hypothèse farfelue ; notre sommeil est en apparence bien mystérieux, composé de cycles profonds et d'autres où nous sommes à peine endormis. Il suffit de peu de chose pour que nous puissions nous lever fatigués ou au contraire en pleine forme. Si notre réveil sonne alors que nous sommes au cœur d'une phase de sommeil profond, notre journée commencera difficilement, et peut-être en serons-nous finalement affectés jusqu'à ce que nous retrouvions notre lit. En analysant finement la façon dont nous dormons, notre électroencéphalographie, ou plus simplement la fréquence de nos mouvements, il est possible de définir le meilleur moment pour se réveiller, mais probablement aussi le meilleur moment pour s'endormir. Il ne s'agit donc plus de mise en œuvre de métiers à tisser et de fabrication de ressorts, mais d'analyses, de relations continues entre une entreprise et un consommateur, et finalement de service. Pour le fabricant de matelas, le changement n'est donc pas mineur. D'un outil industriel composé d'ouvriers spécialisés, de logisticiens, de stocks, de machines, d'usines, d'ingénieurs mécaniciens, il s'agit d'évoluer vers une entreprise principalement composée de programmeurs, de designers, de *data scientists*, de neurologues, de médecins… Sans même évoquer son modèle d'affaires : auparavant, ce fabricant n'avait

1. Le terme n'est pas de moi, mais bien de François Bourdoncle, le fondateur d'Exalead, et spécialiste des sujets liés aux données.

pour ainsi dire aucune relation avec ses clients, qui parlaient – épisodiquement – avec ses distributeurs ; à présent, nous seulement il est en relation directe avec eux, mais il s'agit d'une relation quotidienne, durant de longues heures, et de surcroît, il dispose d'informations plus qu'intimes sur chacun d'eux : où ont-ils dormi ? N'ont-ils fait que dormir ? Souffrent-ils d'insomnies ? D'Alzheimer ? Tout cela, le marchand de matelas du XXIe siècle pourrait bien le savoir un jour.

Cette transition vers le service s'observera dans de très nombreux domaines, y compris les plus industrieux. Dans l'aéronautique par exemple, lorsqu'un avion arrive dans certains aéroports équipés à cet effet, les données issues des réacteurs sont téléchargées sur des serveurs centraux. Ainsi, tous les paramètres de fonctionnement du réacteur sont connus : sa température, sa performance, l'usure de certaines pièces, et ainsi de suite. Il est donc possible de prévoir très tôt quelles sont les pièces qui seront usées, et également de donner de judicieux conseils au pilote en ce qui concerne la meilleure façon d'utiliser les réacteurs, en fonction des conditions météorologiques, de la pression atmosphérique ou encore de la charge de l'avion. Sans même évoquer la contribution essentielle de ces données à la conception de la prochaine génération de réacteurs. Les data ont ainsi déjà fait très sensiblement évoluer le modèle économique de fabricants de réacteurs d'avion comme General Electric ou Rolls Royce. Auparavant, il s'agissait de vendre des réacteurs et des pièces permettant d'en effectuer la maintenance ; aujourd'hui, il ne s'agit plus de cela, mais bien de vendre de la disponibilité de temps de vol : les exploitants d'avions sont en quelque sorte abonnés à General Electric ou à Rolls Royce, et plus les réacteurs sont disponibles, meilleur est le revenu de leurs fabricants. On conçoit qu'il s'agisse d'une façon d'opérer très différente de celle qui consistait à fabriquer des produits et des pièces détachées. L'attention au client devient l'enjeu principal. On ne vend plus un catalogue de moteurs et de performance technique, on vend un service.

Et que penser d'un fabricant de voitures ? Cent cinquante ans durant, ceux-ci se sont concentrés sur les performances techniques de leurs véhicules. Les moteurs sont devenus plus puissants et moins gourmands, les structures ont été étudiées pour qu'en cas d'accident les passagers soient le plus protégés possible, l'habitacle a été insonorisé, etc. Mais en réalité, est-ce que les voitures sont plus efficaces pour nous transporter ? À observer les embouteillages chroniques dans l'ensemble des zones urbaines de la planète, on peut en douter. En Europe, ceux-ci coûteraient au moins 50 milliards d'euros par an en perte de productivité et en dépenses d'essence ; en France, ils représenteraient un coût de 735 euros par personne[1] et par an ! Quant au coût écologique, il se mesure en millions de tonnes de gaz carbonique émis dans l'atmosphère, en pollution de l'air par les hydrocarbures imbrûlés, les particules et autres gaz polluants. De surcroît, les voitures sont mal utilisées. Il n'y a en moyenne que 1,3 passager par voiture en Europe, alors qu'elles disposent généralement de cinq places. Ce constat n'est pas nouveau et, dans le monde d'Internet, des entrepreneurs ont commencé à mettre en œuvre des services audacieux pour essayer de limiter ces gaspillages tout en gagnant de l'argent. Ainsi, Blablacar permet de voyager de ville à ville

1. Source : Institut de recherche CEBR (basé à Londres) et INRIX (société d'info-trafic américaine). IEA concerne le nombre de passagers par véhicule.

en prenant des passagers (payants), Uber offre une alternative au taxi : on peut appeler un chauffeur avec limousine, qui sera en bas de chez vous en quelques minutes, l'application de votre mobile gérant la localisation du taxi en temps réel, la facturation, l'évaluation du service. Le système d'information d'Uber permet d'optimiser le taux de remplissage de sa flotte de véhicules de façon spectaculaire, et pousse la sophistication jusqu'à faire varier ses tarifs en temps réel, en fonction de l'offre et de la demande, ce qui ne va pas sans provoquer quelques rebuffades de la part des clients. À Paris, on estime qu'il y a déjà plusieurs milliers de VTC (véhicule de tourisme avec chauffeur) de type Uber et des milliers d'autres seraient en attente d'agrément de la part de cette entreprise. Leurs prix sont désormais inférieurs à ceux d'un taxi et, de surcroît, Uber a lancé une autre version de son service, UberPop, consistant en une sorte de VTC *low cost*, service pour lequel n'importe quel possesseur de voiture peut se transformer en taxi lorsqu'il le souhaite. On conçoit aisément que ce type de service, s'il venait à être généralisé, permettrait de réduire d'une façon drastique le nombre de véhicules au sein d'une ville. Si l'on ajoute à cela le fait que des simulations ont montré que des voitures robotisées – tels que la Google Car – permettent de faire passer jusqu'à 6 fois plus de voitures sur la même route sans en réduire la vitesse, on conçoit qu'une révolution soit sur le point de se produire dans le domaine automobile. Entre un partage des véhicules par leurs propriétaires (le *car sharing*), une optimisation de leur remplissage (le *car pooling*), des véhicules automatisés qui peuvent se déplacer à grande vitesse sans ralentir dans des intersections par exemple, on conçoit que les gains d'opportunité à venir soient vraisemblablement importants.

Bien entendu, tout cela repose largement sur les data – beaucoup de data ! Celles qui permettent de prédire quand les gens vont avoir besoin d'un véhicule et d'approcher préventivement des automobiles des lieux où ceux-ci se trouvent. Des data servant à optimiser le taux de remplissage des VTC ; des data pour laisser enfin les véhicules autonomes fonctionner ailleurs que sur des circuits de test.

Mais au-delà, c'est aussi un enjeu essentiel pour les constructeurs automobiles : confrontés à terme à une baisse sensible de leurs ventes, ils sont de surcroît en risque de voir la valeur fuir de chez eux pour aller se réfugier au sein des plateformes de type Uber, Google Car et autres acteurs de ce type. Le risque est tout sauf anecdotique. Dans ce domaine, la servification sera brutale, car elle n'est jamais aussi forte que dans les espaces où les individus passent une partie importante de leur journée : temps passé équivaut à production de données ; et les données, comme nous le savons désormais, sont la richesse de demain. Ainsi Google s'intéresse à la voiture, non seulement parce qu'elle sert à nos déplacements, mais aussi parce que c'est l'un de nos principaux lieux de vie, avec le bureau, le salon (avec la télévision) et les espaces nomades (où nous sommes munis de notre mobile). L'automobile est un lieu stratégique, d'où il est possible de mesurer notre état de santé, de connaître nos goûts culturels et musicaux, de savoir où nous nous déplaçons, ce que nous mettons dans notre coffre, etc. Autant d'informations qui permettent d'avoir une meilleure connaissance de qui nous sommes et de ce que nous aimons faire et consommer.

Comme à l'égard du fabricant de matelas, la mutation du constructeur automobile sera difficile et la servification va nécessiter une forte rotation des compétences qui composeront le cœur de métier de demain.

On le conçoit donc, cette notion de servification pourrait progressivement se retrouver dans tous les domaines d'activité économique. Qu'il s'agisse de B2B (entreprises dont les produits s'adressent à d'autres entreprises) ou de B2C (entreprises s'adressant directement aux consommateurs), cette nouvelle notion devrait devenir la règle. Un fabricant de machines à laver pourrait vendre des cycles de lavages ; un constructeur automobile, vendre de l'acheminement d'un point à un autre – n'utilisant pas nécessairement la voiture, mais optimisant le déplacement en fonction des requêtes spécifiques. Dans certains domaines, la grande transition a déjà commencé, dans d'autres les acteurs continuent de se croire à l'abri, car ils ne visualisent pas une menace particulièrement immatérielle. Pour autant, la servification touche tous les domaines, et même dans les services, elle initie un niveau d'exigence de la part des consommateurs inconnu auparavant. Ainsi, à Malte, ce n'est pas Suez Environnement qui a gagné l'appel d'offres de gestion des réseaux d'alimentation en eau, c'est IBM. Et Suez Environnement a dû se satisfaire d'une place de sous-traitant d'IBM, démontrant de façon spectaculaire que la valeur avait migré de la maîtrise d'infrastructures techniques (canalisations, centre de purification, points de captage…) à celle de la maîtrise des données qui permettent de détecter les fuites, de gérer les réparations, ou encore de remplir au mieux les châteaux d'eau. La servification, enfin, permet de donner à chacun le niveau de personnalisation d'un service qui n'était auparavant possible que dans l'univers du luxe : se souvenir de votre prénom, de vos habitus, être capable de ne pas se faire remarquer et être pourtant là à chaque instant, prêt à réagir.

Les gains d'opportunité

On ne le répétera jamais assez : l'utilisation optimale des données permet avant tout de créer des gains d'opportunité, en facilitant l'analyse de besoins masqués, ou à venir. Fabricant de matelas, gestionnaire de réseaux d'eau, fabricant de réacteurs d'avions, constructeurs automobiles, tous sont concernés par les données. Les managers à la tête d'entreprises qui croient qu'ils ne sont pas concernés par les données sont à la tête d'entreprises en danger. C'est d'ailleurs le principal enseignement de l'analyse de l'agilité numérique que mon entreprise, CaptainDash, a initié avec le magazine *Enjeux Les Échos*[1] : nous y avions découvert avec stupéfaction qu'un nombre significatif d'entreprises potentiellement très exposées ne percevaient absolument pas les données et le numérique comme des enjeux les concernant. Dans certains cas, cela frisait l'inconscience. Lorsque nous avons interrogé ces entreprises, elles nous ont clairement dit que la nature industrielle de leurs métiers les mettait hors de portée des risques de désintermédiation par les données.

Paul David, l'économiste qui s'est tant intéressé aux décennies qui caractérisent le début de la deuxième révolution industrielle, observait que près de 80 % des grandes entreprises issues de la première révolution industrielle ont disparu moins de quarante ans seulement après le début de la deuxième, qui avait justement vu l'émergence de la radio et du téléphone, mais aussi de l'énergie en réseau – l'électricité.

Des pans entiers d'industrie et d'économies de services pourraient ainsi disparaître. Des infrastructures de production ou des infrastructures publiques

1. *Enjeux, Les Échos*, numéro spécial « Innovation », septembre 2014.

pourraient s'avérer largement surdimensionnées. Que faire d'autoroutes où six fois plus de voitures qu'auparavant pourraient rouler grâce aux voitures connectées ?

D'autres enjeux économiques du même ordre pourraient d'ailleurs survenir.

Dans un monde où la capacité de prédiction deviendrait intrinsèque à chaque filière économique, le rôle des assureurs pourrait être sérieusement remis en cause. Ainsi, en ce qui concerne l'automobile autonome, il est probable que sa généralisation aboutirait à un effondrement du nombre d'accidents. Et ce pour une raison simple : ce que nous tolérons venant d'êtres humains – leur faillibilité lorsqu'ils conduisent –, nous l'accepterons moins d'une voiture sans pilote humain. La Google Car a déjà parcouru des millions de kilomètres sans avoir le moindre accident. Pour autant, le moment d'une exploitation commerciale paraît être difficilement envisageable avant 2020, même si les États et les collectivités territoriales sont nombreux à avoir lancé des initiatives de ce type à grande échelle dès 2015.

Le nombre d'accidents va se réduire non seulement par l'intégration d'automates sophistiqués, mais également par le traitement statistique intrinsèque au monde du Big Data qui calculera et traitera les parcours des automobiles, autonomes ou non. Tel carrefour dangereux sera rapidement identifié, tel véhicule susceptible d'avoir des freins abîmés sera révisé, etc. D'ailleurs, certaines sociétés comme UPS utilisent déjà le Big Data et modifient les parcours de leurs livreurs, pour éviter les zones les plus dangereuses. De même, elles effectuent les opérations de maintenance non plus en fonction de date ou de kilométrages précis, mais en fonction de l'analyse des données de leurs flottes de véhicules, qui permettent de déterminer, à partir de la lecture des paramètres de comportement, si les pneus sont usés ou si les freins sont à changer.

Seuls des cas extrêmement rares pourraient finalement sortir du prédictible. Et cela pourrait être identique dans bien d'autres domaines. Il est ainsi difficile de ne pas croire que l'on ait rapidement la capacité à prédire la survenance de pathologies lourdes de façon relativement précise ou éloignée dans le temps. Cela pose un défi très explicite aux acteurs de l'assurance : comment continuer à exercer ce métier lorsque le risque devient beaucoup plus prédictible, par les entreprises clientes elles-mêmes ? Il y a là l'objet d'un débat, un débat qui, s'il concerne particulièrement le monde de l'assurance, n'en est pas moins à étendre à l'ensemble de l'appareil productif ainsi qu'à l'ensemble des institutions publiques.

La fin de la croissance et des infrastructures ?

Cela fait maintenant quarante ans que le corps politique se débat autour du mythe de la croissance. Telle sœur Anne du haut de sa tour, il scrute l'horizon économique à la recherche du moindre signe qui lui permettrait d'escompter des jours meilleurs qui, au fil des décennies, il faut le reconnaître, se font de plus en plus rares. Mais peut-être est-ce le compteur qui n'est plus le bon ? Que penser d'un compteur qui enregistre une forte croissance au Japon parce qu'il faut actuellement reconstruire toute la zone qui a été démolie par le tremblement de terre de Fukushima ? Certes, il y a consommation de briques, de ciment, d'équipements de toutes sortes pour reconstruire, mais cela ne correspond en rien à un accroissement proportionnel du bien-être des Japonais.

Mais il y a autre chose, d'ordre structurel : dans notre économie, nous assistons de plus en plus à l'expression de ces gains d'opportunité permis par le numérique. Ainsi, la société californienne Airbnb – un utilisateur massif de Big Data[1] proposant des services hôteliers chez l'habitant – a réussi la prouesse de commercialiser chaque soir plus de nuits de sommeil à des voyageurs que l'ensemble de l'industrie de l'hôtellerie, et cela sans avoir eu à construire un seul hôtel et sans réduire aucunement la qualité des standards hôteliers. Au sens économique strict, il n'y a pas de création de valeur, mais plutôt destruction : les prix de Airbnb sont notoirement plus bas que ceux de l'industrie hôtelière ; sans même évoquer le fait qu'un nombre significatif de ces locations se fait à son détriment. Il s'agit donc plutôt d'une meilleure utilisation des infrastructures existantes : des lits et des chambres qui auparavant restaient vides. On pourrait reproduire l'exemple avec Blablacar, qui concurrence la SNCF et les acteurs traditionnels du transport en proposant une forme d'« autostop » payant et par Internet. Le voyageur recherche en ligne un automobiliste qui se rend à une destination précise et qui est disposé à embarquer un ou plusieurs passagers, pour un forfait réduit. Là aussi, peu de création de valeur au sens de l'économie classique : sans doute une proportion de ces personnes n'auraient pas entrepris de voyager si elles n'avaient pas eu d'alternative à la SNCF et à ses tarifs, mais pour d'autres, c'est l'opportunité d'une baisse de tarifs. Là aussi, on constate un clair accroissement des gains d'opportunité.

Tout cela repose massivement sur la multitude et les données. Et ces dernières, en particulier, en

---

1. « Airbnb is engineering itself into a data-driven company », *Gigaom*, 29 juillet 2013.

permettant une bien meilleure adéquation entre l'offre et la demande, en prédisant et quantifiant avec une précision jusque-là inconnue, changent le modèle même de développement de notre société. La croissance, au sens du développement du produit intérieur brut, est remise en cause. La mesure de référence n'est plus celle de la somme des biens et des services produite par une société humaine, mais bien celle de la valeur d'usage de ceux-ci. En d'autres termes, la diminution des inefficiences diminue d'autant la croissance.

Ainsi, le propos de l'économie du XXIe siècle n'est pas d'avoir des autoroutes à quatre voies, mais d'avoir des citoyens qui parviennent à se déplacer facilement. Ce n'est pas d'avoir une production agricole florissante, mais plutôt d'avoir un ratio qui soit le plus élevé possible entre ce qui est produit et ce qui se retrouve effectivement dans nos assiettes. Ce n'est plus d'avoir des centrales électriques puissantes, mais d'avoir une utilisation rationnelle des réseaux et de l'énergie. On pourrait même extrapoler en affirmant que ce n'est pas d'avoir de nombreuses écoles avec de nombreux professeurs, c'est d'avoir des élèves qui réussissent à s'épanouir en accédant à une éducation de qualité (et plusieurs exemples montrent que les data pourraient faire beaucoup dans ce sens). De ce point de vue, l'un des futurs possibles que pourrait dessiner le Big Data semble très proche du projet politique des « décroissants » et de certains intellectuels comme Joël de Rosnay qui considèrent que l'on peut produire de la richesse sans produire de déchets. Dans une telle société, la principale ressource serait les données : les équipements technologiques et les infrastructures seront contingents au monde des data. On ne construirait plus une route de quatre voies pour espérer désenclaver un territoire, on optimiserait l'utilisation de la nationale et du chemin de fer, limitant ainsi l'utilisation impropre de ressources rares.

Disons-le tout fort : pour l'instant, un tel discours n'est pas encore acceptable dans le champ des idées politiques orthodoxes, tant est gravé dans les esprits de nos acteurs politiques que le fait d'accéder aux grandes infrastructures (universités, TGV, hôpitaux, routes à quatre voies...) détermine finalement notre bien-être et leur succès électoral. C'est pourtant là que le champ des idées politiques pourrait trouver à s'épanouir de nouveau : en changeant tout simplement de paradigme et en nous proposant un nouveau plan de réflexion, dont les critères fondamentaux ne seraient plus des ressources en apparence visibles et spectaculaires (immeubles, routes, etc.), mais plutôt des critères effectifs de bien-être et de développement, notamment durable.

Effet de mode ou révolution ?

Si les data peuvent faire des choses extraordinaires, elles n'ont pas de capacité « intuitive » et sont inaptes à « deviner », contrairement à ce que le récent emballement médiatique autour du Big Data a pu laisser croire. Ce qu'elles trouvent, elles le révèlent sur des bases de façon on ne peut plus scientifique, à partir de signaux clairement exprimés dans les données, que l'œil humain n'avait tout simplement pas vus. C'est une évidence, mais elle mérite parfois d'être rappelée. À cela, il faut ajouter qu'au stade actuel, il serait inexact de penser qu'elles peuvent par exemple prédire avec certitude les résultats d'une élection présidentielle : Google s'est ainsi ridiculisé en prévoyant que la France irait en demi-finale de la Coupe du monde de football qui s'est tenue au Brésil, ce qui n'a évidemment pas été le cas. Il faut admettre que la faible maîtrise technique que nous avons de cette technologie la rend souvent peu fiable. Parfois, les suites de données connaissent des ruptures de tendance, et ces ruptures ne sont pas toujours bien anticipées. Il faut aussi admettre que la normalisation des modèles de traitement les plus performants est tout sauf achevée et que les meilleures pratiques sont encore des secrets de fabrique que l'on ne souhaite pas toujours partager.

Admettons-le : en 2015, le Big Data restait encore l'apanage des grandes entreprises ; ce paysage a commencé à changer en 2016. Alors qu'Apple, Google, Amazon, Facebook et évidemment une multitude de start-up californiennes s'y investissent depuis maintenant des années, 70 % des entreprises françaises n'ont pas encore entrepris de réflexion à ce sujet[1]. Un observateur attentif notera d'ailleurs que le Big Data évolue dans les mentalités entre deux balises : celle d'un enthousiasme trop prononcé et celle d'un scepticisme sans ouverture.

Pour autant, si le Big Data n'a rien de magique, il est déraisonnable de douter de son potentiel économique et également sociétal. Les nombreuses applications évoquées plus haut démontrent la puissance qu'il recèle ; et, au risque de me répéter, il s'agit au moins autant d'une révolution conceptuelle et culturelle que d'une révolution technologique. Il convient simplement d'admettre que dans de nombreux cas de figure, le Big Data ne pourrait produire de résultats à grande échelle qu'à moyen terme, tant les approches de mise en œuvre sont actuellement limitées par des méthodes imparfaites. De nombreux échecs baliseront inexorablement l'accroissement du terrain de jeu. Comme ce fut le cas lors de l'époque pionnière qui

1. Étude IDC 2014 commanditée par EMC.

vit l'électricité et le moteur à explosion supplanter l'énergie à vapeur, la question des usages pertinents, mais aussi vertueux, se pose et se posera comme elle s'était posée à nos aïeux. Sait-on que le moteur électrique a longtemps été considéré comme inutile, car trop coûteux et nécessitant une source d'énergie trop délicate à manier pour être utilisée ? Trop souvent, les entreprises et les grandes organisations ont un comportement semblable. Elles ne parviennent pas à trouver les usages pertinents et nient en bloc l'opportunité Big Data. Nombre d'entre elles embauchent quelques *data scientists* sans avoir ni objectif précis, ni même modèle méthodologique permettant d'espérer le moindre résultat.

TROISIÈME PARTIE

Nous et les machines

1

Surveillance, machines et transparence

Le Big Data interprété par la NSA

À voir la mine fermée qu'il affichait lors de ses dernières apparitions publiques, nul doute que pour le général Keith Alexander, les auditions à répétition devant le Congrès commençaient à devenir pesantes. En dépit de sa parfaite maîtrise du sujet, malgré ses médailles, malgré le soutien d'une large majorité de l'administration américaine, il ne parvenait plus à dissimuler une certaine nervosité, à quelques semaines de la retraite, d'avoir à répondre à ce qu'il percevait de plus en plus comme des procès en inquisition. Cela faisait neuf mois que rien n'allait plus ; depuis juin 2013 exactement. Un obscur consultant du nom d'Edward Snowden avait alors commencé à faire fuir de grandes quantités d'informations *top secret* via des journaux comme *The Washington Post* ou *The Guardian*. Peu à peu l'ampleur du désastre apparaissait : ce consultant en savait suffisamment pour détailler le fonctionnement de nombreux programmes ultrasecrets de la NSA (National Security Agency), l'agence dont le général Alexander avait la charge. Le pire était que nul ne savait où il allait s'arrêter.

L'ironie de cette affaire n'en était que plus cruelle : Alexander n'était-il pas à la tête d'une fantastique administration, mais également d'un extraordinaire outil technologique, qui avait coûté plus de

47 milliards de dollars au contribuable américain ? N'y avait-il pas dépensé toute l'énergie des dix dernières années de sa carrière ? N'avait-il pas été l'architecte, puis n'était-il pas devenu le maître d'œuvre de l'ensemble du système d'écoutes électroniques des États-Unis, un dispositif capable d'intercepter plusieurs centaines de milliers de conversations en même temps ? N'avait-il pas même réussi à se faire voter, d'année en année, des budgets chaque fois plus importants ? Tout ça pour qu'une personne, qui en apparence n'agissait que pour son compte et ne semblait soutenue par aucun gouvernement étranger, du moins à l'origine, fasse dérailler le train. Ou tout au moins mette la NSA et le gouvernement américain dans une très mauvaise posture, aussi bien vis-à-vis des citoyens américains que des gouvernements et opinions publiques de tous les continents.

L'audition au Sénat avait été cordiale, mais tendue. Cette fois-ci, Alexander n'était pas parvenu à contenter ses interlocuteurs de chiffres vagues comme il l'avait fait auparavant : « quelques centaines d'arrestations », « pas d'espionnage systématique », « nous n'espionnons pas nos alliés », « le programme a permis de traiter une centaine de menaces imminentes », et ainsi de suite. S'il n'avait pas semblé mentir ouvertement, au moins l'avait-il largement fait par omission et imprécision.

En réalité, ce qui dérangeait Keith Alexander, c'était de devoir en dire plus à chaque fois. À chaque fois, être obligé de préciser ce qu'il avait évoqué lors d'auditions précédentes. Au début, il avait cherché à minimiser l'impact de ces révélations. Il avait affirmé que seuls 20 000 documents auraient fuité, et parmi ceux-ci aucun document appartenant aux « joyaux de la couronne ». Mais Snowden ne s'était pas arrêté là. De Hong Kong, puis de Russie, il avait continué à publier des documents toujours plus compromettants, sur les technologies de la NSA, sur le niveau de coopération avec ses alliés – le Royaume-Uni, la Suède, le Japon, la France... –, sur les partenariats technologiques avec des sociétés comme Microsoft, IBM, Google, Evernote, sur les méthodes de travail et sur un manque manifeste de supervision. Alexander a finalement dû admettre que plus d'un million et demi de documents, et probablement certains parmi les plus compromettants, avaient été dérobés. S'il le souhaitait, cela permettrait à Snowden de faire des révélations durant des années. Révélations qui avaient déjà fortement ébranlé son programme et mis à mal les relations diplomatiques des États-Unis avec de nombreux pays. Le coût pour l'économie américaine était d'ores et déjà significatif[1]. En réalité, nul n'avait la moindre idée de là où cela s'arrêterait.

Pour Alexander, le choc avait été rude. Il avait été mis en défaut sur le respect de la légalité de certaines investigations, sur les règles de respect de la vie privée des citoyens américains, sur les modes d'autorégulation de son agence ; et même sur l'efficacité réelle de son système. Initialement, il avait ainsi affirmé que des « centaines de menaces imminentes » avaient été stoppées. Mais au fil des auditions, ce chiffre était descendu à 54, puis 53, pour admettre finalement que seules 13 menaces concernant directement les États-Unis avaient été déjouées. Il avait dû utiliser des arguments assez défensifs : si ça ne marchait pas encore très bien, ça devrait un jour marcher. C'était en substance le dernier rempart dialectique pour continuer à défendre Prism, XKeyscore, ICReach

1. « How much will PRISM cost the U.S. cloud computing industry ? », Information Technology & Innovative Foundation, août 2013.

et l'ensemble des autres programmes de surveillance électronique.

Une chose avait probablement tourmenté plus que les autres le général Alexander : c'était de savoir si cela aurait pu être évité. Probablement avait-il eu à l'esprit Bradley Manning ; ce soldat à l'origine des fuites de documents militaires, publiés par la plateforme Wikileaks de Julian Assange et qui auraient dû représenter une mise en garde. Probablement Alexander avait alors pensé revoir les processus de sécurité, essayé de trouver un moyen de limiter la casse, mais il ne l'avait pas fait ou, tout au moins, ça n'avait pas marché.

Le programme XKeyscore, par exemple, avait été exposé avec un niveau de détail préoccupant. On savait désormais qu'il s'agissait d'une technologie si simple à utiliser que quelques minutes de formation suffisent. On tape le nom de la personne sur laquelle on souhaite avoir des informations, on règle quelques paramètres et c'est presque immédiat. XKeyscore permet une collecte quasi systématique des activités de tout utilisateur sur Internet. Les e-mails peuvent être lus en temps réel, sauf bien sûr si ceux-ci sont cryptés avec des protocoles particuliers. Auquel cas, il faut attendre quelques heures que les codes soient traités. En réalité, il semble que presque tout puisse être ouvert. Les activités sur les réseaux sociaux et donc l'ensemble des correspondances échangées via ces réseaux. On peut également accéder à l'historique de navigation d'un utilisateur, les sites qu'il a visités, les recherches qu'il a effectuées sur les moteurs de recherche comme Google. XKeyscore permet également d'accéder aux contenus des formulaires remplis en ligne par les internautes ainsi qu'à beaucoup de mots de passe, qu'utilisent ceux-ci pour se connecter en ligne. La puissance de cette technologie se trouve largement dans sa capacité à réunifier des données *a priori* éparses. Il n'y a pas qu'un seul Jean Dupont et il est donc difficile de s'assurer que le compte e-mail de celui-ci est rattaché aux bons comptes des différents réseaux sociaux du Jean Dupont auquel on s'intéresse. En l'absence d'identifiant unique, ce rapprochement est tout sauf évident à réussir avec un minimum d'erreurs. Les spécifications techniques de la plate-forme de la NSA ne sont évidemment pas connues, mais ce type de rapprochement est un exercice typique de Big Data : on cherche à identifier les caractéristiques communes à des champs de données issues d'univers différents et on les regroupera en fonction de leur spécificité commune. Par exemple, on observera que, au sein de différents comptes de réseaux sociaux au nom de Jean Dupont, les mêmes fautes d'orthographe se reproduisent de la même façon ou les mêmes types d'expressions sont employés. Ce sera un indice, parmi d'autres, qui permettra de déterminer que ces comptes appartiennent en réalité à une seule et même personne.

Parmi les révélations des documents de Snowden, ce qui frappe également, c'est l'importance des ressources mises en œuvre : près de 190 centres serveurs, répartis sur toute la planète, un réseau privé de câbles sous-marins reliant des pays stratégiques comme le Royaume-Uni, par lequel transitent nombre de conversations entre l'Europe et l'Amérique, des partenariats *top secrets* et importants avec le Royaume-Uni, la Nouvelle-Zélande, le Danemark, l'Italie, la Suède, l'Allemagne, mais aussi la France et d'autres encore.

Les volumes de données interceptées sont tels que XKeyscore ne peut effectuer de recherches dans le temps au-delà de trois jours. Trois jours durant lesquels on peut fouiller de façon à peu près illimitée dans l'ensemble de la production de contenu faite par les individus, sans doute à une échelle qui n'est pas très éloignée de celle de la planète.

Au-delà de trois jours, il y a Prism, un autre programme phare de la NSA. Prism permet en effet de suivre, et surtout de garder la mémoire – ce que ne permet pas de faire XKeyscore – de toute la vie numérique des individus que l'agence souhaite surveiller en particulier[1]. En réalité et dans la mesure où le numérique est au cœur de nos vies, Prism offre tout simplement la possibilité de lire à livre ouvert dans la vie des gens. Ainsi, on peut penser que tous ceux que l'on suppose être des ennemis de l'Amérique et tous ceux qui correspondent avec eux font potentiellement l'objet de la surveillance de Prism.

Plus récemment, Snowden révéla l'existence d'un autre programme – MonsterMind – qui recherche des *malwares* – ou virus – dans tous les messages numériques transmis vers les États-Unis. Lorsque ceux-ci sont identifiés, ils sont cantonnés et MonsterMind initierait automatiquement une riposte vers le pays émetteur de l'attaque[2], avec tous les risques que cela comporte.

Enfin, en décembre 2014, les documents de Snowden révélèrent ce que beaucoup craignaient : les protocoles les plus usités, le https, le SSlL, le SSH, et même le PPTP utilisé notamment pour crypter les VPN, avaient été corrompus par la NSA, démontrant par là tout à la fois le niveau de dextérité technologique auquel

1. La NSA dispose également du programme ICReach, qui permet vraisemblablement de faire des recherches au-delà de trois jours, mais en n'accédant qu'aux métadonnées. Ce programme permettrait par exemple de connaître l'historique des déplacements de toute personne connectée sur une longue durée. Voir « La NSA a créé son propre Google », *Le Monde*, août 2014.
2. « The untold story of Edward Snowden », *Wired*, septembre 2014.

elle était parvenue et sa capacité d'entrisme au sein des instances de standardisation en charge de chacun de ces standards[1].

Finalement, pour ceux qui prirent la patience de les lire, les documents de la NSA représentaient l'une des plus formidables failles d'une agence de renseignement, comparable à celle de *L'Affaire Farewell*. Seule l'architecture technologique de la NSA préservera ses secrets. Et aujourd'hui encore, les médias spécialisés en sont réduits à spéculer sur la façon dont tout cela fonctionnait. Deux seules certitudes : d'une part, l'infrastructure en est massivement *open source* – reposant sur 700 serveurs Linux, probablement distribués dans une dizaine de pays ; et d'autre part, tout cela repose massivement sur des technologies de Big Data. Hadoop*, en premier lieu, devait être au cœur du réacteur. La mise en œuvre de systèmes distribués implique probablement que des solutions de type MapReduce* soient à l'œuvre. Une autre indication de cela semble d'ailleurs être le type de recrutement que la NSA a effectué pendant des années. Les experts de cette technologie, même recrutés par l'intermédiaire de sociétés de conseil comme celle de Snowden[2], étaient en effet très prisés et ce n'était un secret pour personne qu'ils travaillaient sur des programmes *top secrets*.

Finalement, la NSA avait malgré elle réussi à instiller un sérieux doute sur l'existence d'une quelconque confidentialité sur Internet. On ne savait plus à qui l'on pouvait faire confiance. Et la communauté des

---

1. « Les énormes progrès de la NSA pour défaire la sécurité sur Internet », *Le Monde*, 29 décembre 2014.

2. Après avoir travaillé directement pour la NSA, Snowden est devenu sous-traitant de celle-ci, en tant que salarié de la société Booz Allen Hamilton.

entrepreneurs du Web n'était elle-même pas toujours rassurante. Certes, Mark Zuckerberg, Larry Page et d'autres s'étaient offusqués de l'ampleur de ce qu'ils semblaient découvrir à l'égard du programme d'espionnage de la NSA et avaient assuré qu'ils n'y contribuaient pas, mais Edward Snowden avait, quant à lui, affirmé le contraire. Et même si Facebook et Apple ont depuis peu modifié leurs systèmes de cryptage, il reste difficile de déterminer ce qui est sécurisé et ce qui ne l'est pas. D'autres indices sont tout aussi inquiétants : on ne sait pas vraiment pourquoi les poursuites fédérales à l'encontre de Phil Zimmerman, le fondateur de PGP – un puissant système de cryptage inventé pour contrer le gouvernement fédéral –, se sont soudain arrêtées, sans que l'inculpé ne fasse la moindre déclaration.

Mais au-delà, l'affaire Snowden avait été vécue par beaucoup d'acteurs de l'Internet comme une crise d'adolescence accélérée. Le monde de l'enfance s'était arrêté brutalement. Et la réalité s'était révélée dans toute sa violence : nos données, celles dont nous pensions qu'elles nous appartenaient, pouvaient aisément être obtenues par des tiers. Qui pouvaient en abuser et le faisaient. Et ces tiers n'étaient pas nécessairement le fait de cercles mafieux, qui avaient toujours existé, mais aussi d'États, et d'États démocratiques. Plus déstabilisant encore, certains de ces États représentaient pour beaucoup des balises en matière de garantie des droits : le Danemark, la Nouvelle-Zélande, voire la France et le Royaume-Uni. Il semble d'ailleurs notoire que le Royaume-Uni et probablement la France aient sous-traité massivement leurs données auprès de la NSA.

Contre-pouvoirs ?

Avant tout, le 11 septembre 2001, plus qu'aucun autre événement, a changé la donne. Une série de décrets et de lois ont donné de larges pouvoirs à la NSA pour espionner sans mandat « toute personne située à l'extérieur des États-Unis, ou conversant avec une personne située aux États-Unis ». L'affaire Snowden démontrera cependant que l'ensemble des conversations des Américains ont été monitorées, même si la NSA s'est défendue en expliquant que ces conversations n'avaient été que « préenregistrées » dans l'attente d'un mandat légal leur permettant de les écouter ou de les lire effectivement.

Pourtant, dès 2007, et sous la pression populaire, il a été convenu de revenir au programme précédent, qui prévoyait que les écoutes devaient préalablement obtenir l'autorisation de la Cour de justice[1] créée dans le cadre du Foreign Intelligence Surveillance Act (FISA). Un décret définit précisément le cadre dans lequel les opérations d'espionnage doivent être menées lorsqu'elles impliquent des citoyens américains ou qu'elles se déroulent partiellement ou en totalité sur le territoire américain[2].

---

1. *Foreign Intelligence Surveillance Court* (FISC – Cour de surveillance du renseignement extérieur).

2. « Le *Foreign Intelligence Surveillance Act* (FISA) a été introduit le 18 mai 1977 par le sénateur Ted Kennedy et a été inscrit dans la loi par le président Carter en 1978. » Il représente une « réponse au fait que le président Richard Nixon utilise les ressources fédérales pour espionner les groupes politiques et militants, ce qui constitue une violation du quatrième amendement. Une loi fut ainsi créée pour fournir à la magistrature et au Congrès un moyen de contrôler les activités de surveillance secrètes des gouvernements étrangers, d'entités étrangères et d'individus ne résidant pas aux États-Unis, tout en maintenant le secret nécessaire pour protéger la sécurité nationale. Il permet une surveillance, sans ordonnance

Dans un contexte de guerre permanente (les États-Unis sont impliqués dans plusieurs conflits armés sans discontinuer depuis décembre 2001), il n'aura pas été difficile de mettre en place des régulations très liberticides, même dans un pays épris de liberté. Ceci d'autant plus facilement que, *a priori*, les opérations de contre-mesures numériques sont par essence discrètes. Sans l'événement Snowden, les citoyens lambda n'en seraient probablement toujours réduits qu'à des spéculations. Même avec le retour de la Cour de justice du FISA, les contre-pouvoirs restent très faibles. Dans la mesure où, par essence, le secret entoure les activités de la NSA, il est difficile de savoir encore aujourd'hui quels types d'abus ont été effectivement commis. La part la plus brutale du travail de la NSA concerne normalement l'élimination de terroristes. Mais ceux qui ont été éliminés étaient-ils tous terroristes ? Qui a pu contester les décisions de la NSA ? Est-ce qu'il n'est pas arrivé une fois, plusieurs fois, peut-être des centaines de fois, à un officier de prendre une décision trop rapidement, dans le feu de l'action, uniquement parce que quelqu'un s'était exprimé avec véhémence dans un e-mail, menaçant de tuer des Américains, sans jamais imaginer passer à l'acte ? Est-ce qu'un responsable de rang supérieur est venu s'assurer que cet officier n'était pas débordé, qu'il n'était pas en retard pour rentrer chez lui et qu'initier une alerte qui aboutirait à lancer une attaque de drone était finalement plus simple que de continuer à se poser des questions ? Nous savons

---

d'un tribunal, de n'importe qui durant un an, sauf si cette "surveillance implique d'acquérir le contenu d'une communication à laquelle une personne des États-Unis [NDLR : citoyen ou résident] est partie prenante". Dans ce cas, une autorisation judiciaire est requise dans les soixante-douze heures qui suivent le début de la surveillance. »

guère de choses à ce propos, si ce ne sont les révélations du soldat Bradley Manning, qui ont permis à Wikileaks de mettre en évidence la brutalité d'une guerre où suspicion équivaut parfois à mise à mort. Il a également été démontré que les opérateurs de XKeyscore se sont servis de cette technologie pour espionner leurs petites amies, leurs femmes, ou même des femmes qu'ils ne connaissaient qu'à peine. Tout cela ne fait que décrédibiliser des autorités de contrôle qui sont restées plus que timorées. La Cour de surveillance du renseignement extérieur n'a jamais émis la moindre réserve sur l'action de la NSA et, pire, elle n'avait probablement qu'une connaissance très limitée de la façon dont fonctionnent les technologies utilisées par celle-ci. Quant à la commission Privacy and Civil Liberties Oversight Board (PCLOB), sorte d'équivalent de la Cnil*, elle n'a fait qu'avaliser toutes les procédures de la NSA, sans évidemment avoir l'opportunité de rendre publics les détails de l'audit qu'elle y aurait effectué.

De surcroît, tout indique que les lois ont été contournées. Ainsi, les Britanniques ne peuvent pas espionner leurs sujets sans une autorisation préalable du juge[1]. Mais, sans l'affaire Snowden, personne n'aurait jamais su que les services secrets du Royaume-Uni avaient confié cette tâche à la NSA. De même, il n'est pas impossible de penser que la NSA ait elle-même soustraité ce type de mission à un ou plusieurs services secrets amis. Ce n'est aucunement faire preuve de

1. La NSA aurait payé 100 millions de livres au GCHQ (les services secrets du Royaume-Uni) pour qu'ils connectent l'ensemble de leurs réseaux à ceux de la NSA. Entre autres missions, celle-ci doit connecter des sondes sur les nombreux câbles sous-marins qui partent du Royaume-Uni vers l'Afrique, l'Asie et les Amériques. Source : « NSA pays £100m in secret funding for GCHQ », *The Guardian*, 1er août 2013.

conspiration que de penser que les agences américaines, françaises et britanniques pourraient s'être mutuellement déléguées la tâche d'espionner leurs citoyens : en apparence, le droit souverain propre à chaque pays aurait été respecté[1], mais en réalité, ces nations auraient violé les fondements mêmes de leurs Constitutions.

La NSA est allée encore plus loin ; et elle ne s'est pas réellement encombrée du droit. L'affaire Snowden a également révélé que celle-ci avait directement espionné des citoyens américains sur la simple dénonciation de leur appartenance religieuse par le FBI[2]. De nombreuses suspicions existent également sur une utilisation de Prism à des fins économiques, afin de privilégier les entreprises américaines sur les gros contrats internationaux. Le constat de tous ces abus est sévère : nombre de mécanismes élémentaires de préservation des libertés publiques ont été ignorés, voire volontairement violés, et ce – il convient de le rappeler – avec une facilité d'autant plus déconcertante que ces outils sont très simples d'usage et que, surtout, ils sont très discrets.

Liberté, égalité, data : écoutes et régulation des écoutes

En matière de fonctionnement du renseignement français, le budget de la Direction générale de la sécurité extérieure ne représente qu'un treizième de celui de la NSA. De surcroît, la DGSE ne s'est

---

1. Voir à ce sujet l'article de *Numerama* consacré à un jugement hollandais sur les interceptions effectuées par un pays tiers : « NSA : l'hypocrisie européenne résumée en une décision de justice », 24 juillet 2014.
2. « La NSA a mis des musulmans américains sous surveillance sans justification », *Le Monde*, 9 juillet 2014.

familiarisée avec les outils numériques que fort tard, probablement à partir de 2006-2008. Pour autant, son expertise s'est développée au point de lui permettre de disposer d'une solution proche de celle qu'utilise la NSA. À ceci près qu'elle ne s'intéresserait, pour des raisons de coût, qu'aux métadonnées, c'est-à-dire à toutes les informations génériques : localisation du téléphone, titre des messages, numéro d'appelant, date, heure, durée, etc.[1], et qu'elle y consacre des moyens probablement très significatifs à son échelle. Il suffit pour s'en convaincre de voir les perturbations qu'elle crée sur le marché du travail des métiers liés au Big Data. Auparavant, les experts dans le domaine numérique étaient principalement des militaires, payés en fonction de leur avancement de carrière et soumis à l'ensemble des contraintes de la vie militaire. Depuis quelques années, les grilles de salaires ont été revues et sont attribuées suivant les prix du marché ; il n'est plus nécessaire d'être militaire pour travailler au sein de la DGSE ; seuls 28 % de ses personnels auraient désormais ce statut. Là aussi, peu d'informations sont disponibles ; parfois, c'est lors d'une conversation anodine que l'on peut apprendre qu'un ancien programmeur, certes considéré comme très talentueux, mais portant dreadlocks et catogan, aurait travaillé un temps pour la DGSE. Ce qui était inenvisageable il y a quelques années est devenu assez courant aujourd'hui.

En observant une carte des grandes infrastructures de câbles sous-marins, on comprend tout de suite que la France dispose d'un atout particulier dont peu de nations peuvent se prévaloir. Elle partage avec le Royaume-Uni le privilège d'être l'un des rares points

1. Lire à ce sujet l'excellent article du *Monde*, « Révélations sur le Big Brother français », 4 juillet 2013.

de passage pratiquement imposé des communications numériques des pays africains, méditerranéens, européens et américains vers l'un ou l'autre de ces lieux. Cela fait beaucoup de monde, sans même évoquer le fait que plusieurs câbles desservant l'Asie arrivent à Marseille. C'est là une caractéristique que n'ont pas manqué de relever les espions américains, qui ont proposé aux responsables du GCHQ d'accéder, par le biais de ce que l'on appelle des sondes DPI* (*Deep Packet Inspection*), au contenu brut de ce qui est transporté par ces câbles. Or, à l'égard du renseignement français, les révélations des dossiers de Snowden nous instruisent sur plusieurs points. Les premières révélations évoquaient l'existence d'un partenariat privilégié entre la DGSE et « un opérateur français » de longue date ; même si son nom n'est pas cité, plusieurs sources officieuses évoquent France Telecom, l'un des plus importants propriétaires de câbles transocéaniques. Le président de la société, Stéphane Richard, a lui-même reconnu lors d'une interview au journal *Le Monde* : « Des personnes habilitées secret-défense peuvent avoir à gérer, au sein de l'entreprise, la relation avec les services de l'État et notamment leur accès aux réseaux, mais elles n'ont pas à m'en référer. Tout cela se fait sous la responsabilité des pouvoirs publics, dans un cadre légal. »

De même, d'autres documents montrèrent que les services secrets français disposent de partenariats industriels pour mettre en œuvre des technologies de sondes DPI*. Mais finalement, c'est en octobre 2013 que de nouveaux documents rendus publics par Snowden firent état de ce que beaucoup suspectaient : l'existence d'un partenariat direct entre la DGSE et la NSA en matière d'échange électronique, officialisé sous le nom de « Lustre ». D'autres indices montrent que des entreprises industrielles françaises, spécialisées dans la gestion de câbles longue distance, ont mis en place des processus permettant aux services secrets de faire des poses de sondes DPI* à façon. Il est donc plus que probable que la DGSE dispose d'un dispositif proche de celui de la NSA, soit un système d'interception à base de protocole TCP-IP (le protocole le plus générique de l'Internet) qui utiliserait également le principe générique du Big Data.

Certes, comme dans l'affaire Snowden aux États-Unis, le pouvoir politique s'est indigné du fait que l'on puisse suspecter les services de renseignement de travailler dans un cadre « alégal », pour reprendre l'expression – d'une bonne foi douteuse – utilisée par un parlementaire à propos de la loi qui réglementait certains types d'interceptions. Interpellé par la journaliste Andréa Fradin sur l'existence d'un système de surveillance de la population française, le président François Hollande avait répondu : « Je ne voudrais pas qu'on laisse penser que, finalement, cette pratique de Prism serait générale. Il y a un cadre légal qui doit être respecté et, avec la Cnil*, nous veillerons à donner toutes les informations dans le respect de la loi. »

Il eut la malchance de faire cette déclaration moins d'une semaine avant que l'affaire Lustre soit révélée. Ignorance ou mépris cynique des citoyens ? Nul ne le saura, et finalement peu importe. Le fait est que rien ne permet d'affirmer que les droits fondamentaux des Français sont préservés, bien au contraire. Si la Cnil* peut être critiquée pour sa faible incidence sur ces sujets, ces révélations sonnent surtout comme un discrédit pour la Commission nationale de contrôle des interceptions de sécurité (CNCIS). Il est vrai que cette commission possède plusieurs défauts de naissance : d'une part, et à la différence de son équivalente américaine, la cour de la Fisa, elle n'intervient qu'*a posteriori* et, *a fortiori*, ne s'intéressera qu'aux cas faisant l'objet d'une plainte de la part d'une des personnes espionnées. D'autre part et de surcroît, la CNCIS n'est pas rattachée au pouvoir judiciaire, mais bien au pouvoir exécutif, en l'occurrence au cabinet du Premier ministre. Un rattachement qui hypothèque par nature l'indépendance de ses travaux.

Pour autant, à chaque fois que les citoyens français interpellent le pouvoir exécutif ou législatif sur ce sujet, la même réponse revient, presque identique : Internet est trop spécialisé – trop technologique – pour être laissé à la justice commune. La réalité, pourtant, est qu'Internet n'est devenu rien moins que l'un des troncs principaux de nos vies quotidiennes et que son importance ne cesse de croître. En France comme dans de nombreux pays, ces dispositions reviennent à remettre en cause le principe de compétence des institutions judiciaires et partent du postulat que les méthodes d'enquêtes sont – intrinsèquement – impartiales. Qui veut noyer son chien l'accuse de la rage : on ne peut accuser la justice d'être incapable de traiter ces sujets après l'avoir sous-financée, sous-équipée durant des années, voire des décennies. Certes, les juges ne sont pas familiers des enjeux numériques, mais il faut être cohérent : soit la CNCIS sera progressivement appelée à avoir une responsabilité de plus en plus importante – démesurée – au détriment de la justice traditionnelle et avec une régulation *a posteriori*, soit il faut dès à présent faire le choix qui s'impose : projeter la justice dans le XXIe siècle, former les magistrats, leur donner les outils adéquats et faire en sorte que, en dehors des affaires requérant une intervention immédiate (terrorisme...), la justice régulière soit et reste la garante principale des libertés et des lois.

Si l'on est en droit de penser que nous avons, comme beaucoup de pays développés, des services fiscaux, de police, de gendarmerie qui sont généralement respectueux des lois, l'absence réelle de contre-pouvoirs qu'institue une autorisation *a priori* à fouiller à peu près librement dans la vie de quiconque est en soi inacceptable. Ceux qui connaissent des ingénieurs travaillant au sein de corps administratifs en charge des investigations numériques sont rarement rassurés par ce qu'ils apprennent en ce qui concerne les garanties des droits des individus qui sont sous le coup d'une enquête ou même parfois d'une suspicion de la part d'un fonctionnaire, agissant donc dans un cadre « alégal ».

2

Le code des données

Ne nous méprenons pas : ces enjeux numériques vont s'imprégner dans notre quotidien dans une mesure qui se situe au-delà même de ce que nous pensons généralement. Certes, les pouvoirs conférés par la technologie à la société civile vont s'accroître très significativement et avec eux, également, des risques de toutes sortes. Pour autant, les opportunités individuelles et collectives issues du digital et plus encore du Big Data sont immenses. Il ne s'agit donc pas d'être naïf : il est probablement raisonnable d'admettre que services secrets et écoutes sont un mal nécessaire. Mais ce n'est pas en mettant en place des dispositifs qui sont proches des lois d'exception[1] que nous allons recréer un sentiment de confiance de la part des citoyens. En revanche, faire en sorte que le monde politique et l'appareil administratif acquièrent les codes numériques, comprennent les enjeux du Big Data, les mettent en œuvre avec le souci de l'intérêt

---

1. La loi dite « article 20 » du code de programmation militaire (cadre de l'article L241-1) légalise les procédures d'interception. Lors du débat qui a précédé son adoption, les parlementaires ont eu beau jeu d'expliquer qu'ils avaient limité sa portée aux métadonnées. Probablement savaient-ils déjà que le dispositif technologique de la DGSE était justement conçu pour n'intercepter en général que ces données, et non le contenu principal des messages. Or, contrairement à une idée reçue, les métadonnées en disent beaucoup plus long sur nous que nous ne le pensons.

commun, qu'ils facilitent l'émergence de l'expression de la société civile, sa participation aux enjeux de la cité, que les institutions soient plus perméables, transparentes, plus proches des citoyens, serait certainement compris et salvateur, tout en étant un gage de cohésion et d'efficacité.

A contrario, la création presque illimitée de commissions techniques, qui sont autant de barrières entre le citoyen, le droit et les institutions, est évidemment une rupture supplémentaire de la règle d'équité qui est à l'origine du contrat démocratique et un moyen pratique de noyer le poisson, en l'occurrence l'espionnage probablement systématique de nos concitoyens. Qu'il s'agisse aux États-Unis du PCLOB, de la Fisa ou du Fisc, en France de la Cnil* ou de la CNCIS, ces institutions ne sont pas parvenues à ce jour à offrir le niveau de garanties que les citoyens de ces grandes nations démocratiques sont en droit d'attendre.

Politique publique, prévision et modèle de société

La question de la juste utilisation du Big Data par les gouvernements et autres institutions publiques va se poser avec de plus en plus d'acuité, tant elle permet des gains de productivité dans un contexte où les États occidentaux sont malades de leurs dettes et éprouvent souvent des difficultés à assurer leurs missions régaliennes. Cela a été évoqué plus haut : la capacité d'introduire des systèmes de médecine préventive, de mettre en place des politiques de prévention à l'égard de la délinquance, des risques sanitaires, de la gestion des embouteillages dans les villes et de nombreux autres principes d'efficacité rationnelle représente l'une des caractéristiques du

Big Data. Une caractéristique qui correspond donc à un besoin vital des États.

Mais le risque de formatage de la société, ou encore de rectitude morale, n'en est pas moins important. On peut sérieusement se demander si les sociétés ne vont pas chercher à éliminer certains facteurs qui créeraient des perturbations sociales ou qui coûteraient plus qu'elles ne sont prêtes à supporter. Certes, aujourd'hui nous acceptons que nos sociétés comportent des fumeurs et nous prenons en charge leurs traitements lorsqu'ils développent des cancers du poumon, mais nous avons également prévu un certain nombre de dispositifs d'écartement pour les populations qui ne se comportent pas suivant la norme sociale.

Un philosophe comme Michel Foucault[1] observe que nos civilisations ont un besoin absolu de normalisation pour rester cohérentes. Pour ce faire, elles n'hésitent pas à créer des mythes collectifs propres à galvaniser leurs populations autour d'objectifs communs. C'est ainsi que les pyramides ont été construites. C'est ainsi que la Rome antique s'est structurée et, contrairement à ce que nous pensons généralement en tant que juge et partie, notre société contemporaine vit également de mythes collectifs : le chapitre suivant traite, par exemple, des biais scientifiques et intellectuels. On pourrait ainsi épiloguer sur l'importance historique de la prise de la Bastille (un événement relativement mineur dans l'histoire de la fin de l'Ancien Régime) autour duquel la République française s'est pourtant structurée. Mais quid des objectifs rationnels d'une société conduite par les data ? Que ferions-nous si nous savions qu'un détenu que l'on vient de libérer

1. « L'extension sociale de la norme » (entretien avec P. Werner), *Politique Hebdo*, n° 212 : « Délier la folie », 4-10 mars 1976, p. 14-16.

a 98 % de chances de récidiver[1] ? Que ferions-nous si nous savions de façon certaine qu'un médicament qui a un usage positif apparent provoquera plus de mal que de bien, à l'instar du Mediator ? Qu'une ligne de chemin de fer envisagée ne sera jamais rentable ? Qu'une politique de dépénalisation du cannabis aurait des effets positifs sur la délinquance et sur le développement économique[2] ?

Sommes-nous également prêts à accepter un eugénisme qui ne dira pas son nom, qui nous permettra d'ôter tout doute en matière de procréation de sorte que nous n'ayons que des enfants sages, au QI très élevé, et pourquoi pas blonds aux yeux bleus ? Est-ce qu'Einstein, Nelson Mandela ou Amy Winehouse auraient pu naître et laisser leurs personnalités s'épanouir si la décision de leur naissance (et de leur sélection) puis de leur développement avait été faite froidement par le Big Data ? Ou sont-ce leurs « aberrations » génétiques, leur éducation qui les ont rendus « fous » et géniaux dans leurs domaines respectifs ?

Il ne faut pourtant pas s'y tromper. Une société humaine qui dispose d'une connaissance beaucoup plus précise de sa situation et qui peut faire des choix rationnels en fonction de scénarios prospectifs n'agira certainement plus de la même façon, ne réfléchira

1. Le taux de récidive étant particulièrement élevé pour certaines catégories de la population carcérale, un sous-groupe comportera donc naturellement des individus faisant état de facteurs aggravants et d'autres de facteurs diminuants. Le taux moyen de récidive chez les voleurs étant de 74 %, on pourrait par exemple identifier que ceux des voleurs qui ont un travail et une famille représentent un taux marginal, condamnant *de facto* les autres à récidiver presque systématiquement.

2. Ces idées de nature politique sont formulées ici à titre purement hypothétique et ne représentent pas nécessairement le point de vue de l'auteur.

plus de la même façon et ne se normalisera plus – au sens politique du terme – de la même façon que lorsqu'elle « estimait » qu'il est nécessaire de donner ou ne pas donner le droit de vote aux étrangers ou de mettre ou ne pas mettre en prison les auteurs de délits mineurs. Ces deux exemples ne sont pas pris au hasard. Ils sont connus pour être largement polémiques, et cette polémique est alimentée par le fait même que la mesure à leur égard est difficile. Et à défaut de pouvoir mesurer, c'est une affaire de morale : certains trouvent « inadmissible » de permettre ou de ne pas permettre aux étrangers de voter aux élections locales. Mais que ferions-nous si nous disposions d'une évaluation précise de l'impact de cette mesure ? S'il était avéré que le droit de vote donné aux étrangers a un impact sur un signal faible, qui n'aurait vraisemblablement pas été détecté sans l'apport du Big Data ? Par exemple, que leur taux de présence au sein d'associations de quartier augmente sensiblement, ou que la réussite de leurs enfants aux examens scolaires est plus importante ? Évidemment, cela aurait des conséquences sur la façon dont nous légifèrerions, non seulement sur le droit de vote des étrangers, mais aussi sur d'autres sujets de même nature.

Pour autant, il est inexact de penser que notre latitude de choix en serait réduite : admettons par exemple qu'il soit facile de détecter les risques de délinquance à moyen terme, individu par individu ou même par sous-groupe d'individus (au sein d'un quartier ou d'une classe d'école). On pourrait choisir d'adopter tout aussi bien une approche répressive qu'une approche préventive. Mais la machine pourrait également faire des suggestions personnalisées sur le parcours optimal de prévention ou de réinsertion pour ceux qui auraient déjà commis un délit, en fonction de paramètres personnalisés : lieu, compétences personnelles du délinquant, centres d'intérêt, etc.

Tout cela reste bien entendu hypothétique. Pour l'instant, nous ne disposons que de très peu d'expérimentations valides sur l'application du Big Data au champ sociétal. Ce que l'on peut observer en matière de détection de délinquance à Boston, à Los Angeles, ce que montre l'efficacité des réalisations de São Paulo ou Detroit laissent entrevoir l'avènement d'une ère où le Big Data[1] deviendra un outil générique pour la définition des politiques publiques.

Bien entendu, le risque de formatage évoqué plus haut est réel. Les institutions – y compris les institutions démocratiques – chercheront probablement à nous imposer, plus encore qu'aujourd'hui, des standards. Dorénavant, nous sommes bien entendu obligés d'envoyer nos enfants à l'école, de respecter le code de la route, de payer nos impôts, etc. Mais cela pourrait facilement aller beaucoup plus loin. Les sociétés des data pourraient nous imposer de respecter un certain niveau sanitaire, scolaire, d'interaction sociale, de civisme. Et là où le potentiel des data est particulier, c'est qu'il pourrait être à terme un moyen de mesurer précisément, sur chacun de ces champs, notre comportement. Ceux qui en doutent devraient s'interroger sur ce que permettent déjà les data que nous créons. Par exemple, les cartes de fidélité (représentant 70 % des consommateurs dans la grande distribution) permettent dès à présent de savoir combien de savons, de brosses à dents, d'eau de Javel nous achetons par an. Nos smartphones équipés d'Android savent si nous respectons les limitations

1. Nous n'évoquons pas ici l'*open data*, qui est évidemment un préalable nécessaire à l'émergence du Big Data dans le champ politique.

de vitesse, et ils savent également si nous traversons sur les passages piétons, si nous sortons tard le soir les journées travaillées.

Il serait facilement concevable que nous ayons des KPI[1] personnels à satisfaire qui puissent être la jauge de notre valeur sociale. L'un, par exemple, concernerait le code urbain et routier, le second la norme sanitaire : notre propreté, la façon dont nous finissons bien les antibiotiques qui nous sont prescrits par exemple, les aliments que nous ingurgitons (et donc notre risque de développer des pathologies coûtant cher à la société quelques décennies plus tard). Il pourrait y avoir un KPI de performance productive : les impôts que nous payons, notre consommation, notre participation à la création de richesses, etc.

Tout cela est évidemment ici très largement exagéré et noirci. Rien de tel ne semble poindre dans un futur prévisible, mais la démonstration est intéressante car elle montre combien nos sociétés pourraient éventuellement – avec d'ailleurs le consentement des citoyens concernés eux-mêmes – refermer le champ de la diversité de l'expression humaine.

On le voit, il n'y a donc pas un seul modèle possible, mais une pluralité de modèles : les données peuvent le pire comme le meilleur. Les données en tant que technique peuvent aussi être un outil à même de nous aider à déconstruire les *a priori*. Nous pourrions choisir d'utiliser ou de ne pas utiliser les données, mais nous pouvons surtout choisir comment nous allons les utiliser et à quelle fin. Le pire serait d'avoir une approche manichéenne des données et de les considérer *a priori*, juger qu'elles sont un outil d'oppression et rien d'autre. Cela reviendrait à nous

1. *Key Performance Indicator* : repère de performance. Un terme initialement utilisé dans le domaine du marketing.

couper du progrès au sens large et d'une occasion inégalée de progrès social, d'une société qui reste à définir. Rappelons-le encore une fois : les données ne sont qu'un outil. À nous de décider de ce que nous voulons en faire.

Observer la puissance de la pensée collective

Il est par ailleurs important de comprendre combien la science et la pensée ne sont pas nécessairement « objectives » et découlent plus que nous l'imaginons de croyances collectives, de préceptes moraux. Une excellente démonstration à cet égard se trouve sans doute dans la façon dont a récemment évolué la pensée scientifique dans le monde génétique.

Des décennies durant, Darwin régna en maître absolu sur le modèle qui porte son nom : l'expression des gènes n'y est – on le sait – que le fait du hasard et de la nécessité, et marginalement seulement le fait de l'évolution par la transmission de caractères acquis[1]. Il fallut attendre des découvertes extrêmement récentes – aujourd'hui regroupées au sein d'une discipline dénommée épigénétique – pour que l'on admette, par l'évidence des faits mêmes, que les caractères acquis sont en réalité très largement transmissibles et donc transmis.

Récemment encore, quiconque remettait en cause le dogme darwiniste, risquait l'expulsion du monde de la recherche, et nombreux furent ceux que l'on marqua du sceau infamant du « créationnisme » pour avoir émis l'idée que la pensée darwiniste pût être infléchie.

1. Darwin lui-même croyait à l'existence de caractères acquis, mais pensait que ceux-ci ne jouaient qu'un rôle marginal et ne s'exerçaient le cas échéant que de façon erratique.

Pourtant, dès les années 1920, des recherches scientifiques avaient mis en évidence de façon indiscutable l'existence d'une transmission massive de caractères acquis. Paul Kammerer, biologiste autrichien, le démontra dès 1924 au travers d'expériences sur les salamandres dans lesquelles il fit la preuve de l'hérédité des caractères acquis. « Suicidé » par les nazis pour avoir mis en cause le dogme de l'immuabilité génétique, il n'a jamais été réhabilité par la suite.

En réalité, beaucoup de biologistes firent également ce constat de l'existence de caractères acquis, mais ils étaient tellement convaincus que la théorie darwiniste était intangible[1] qu'ils n'ont pas pensé ni voulu la remettre en cause. Il existe de nombreux autres exemples de ce type, à tel point qu'il serait fastidieux d'en tenir un décompte, même partiel.

En revanche, il serait particulièrement intéressant de chercher à identifier la nature des biais épistémologiques de la société contemporaine, soit ses « convictions » – à la différence de ses « démonstrations » – profondes et l'évolution de celles-ci.

A priori, à moins de refaire, puis de revalider ou d'infirmer toutes les expériences scientifiques, la démonstration semble impossible. Il existe pourtant une méthode assez simple qui consisterait à tracer l'évolution de Wikipédia dans le temps. En observant les modifications des articles scientifiques à l'aide de techniques de Big Data sémantique, il pourrait être possible de voir de quelle façon des corpus

1. Qu'il s'agisse de boucle de circonvolution ou de caractères réellement acquis n'est pas l'objet de cet article, et loin de l'auteur l'idée d'affirmer une position à ce sujet. Il est vrai que de nombreux généticiens pensent que l'environnement n'est, au plus, capable que d'augmenter ou d'abaisser l'expression d'un gène, et nous n'avons pas assez de recul pour savoir s'ils ont tort ou raison. Mais cela reste un débat marginal par rapport à ce qui nous occupe.

thématiques – la génétique par exemple – évoluent peu à peu. Si l'on avait fait cela au cours des quinze dernières années, on aurait vu la biologie passer du darwinisme orthodoxe au lamarckisme modéré, par exemple.

Cet exercice pourrait être extrêmement salutaire, car si la sensibilité du modèle était assez forte, il permettrait d'avoir « l'intuition » des thèmes scientifiques ou autres qui sont en « retournement », c'est-à-dire vis-à-vis desquels la pensée commune est en train de marquer un tournant. On pourrait même peut-être prédire le point d'aboutissement possible de thèmes en cours d'évolution. Il est également envisageable qu'un tel outil parvienne à mettre en évidence des contradictions indépassables entre les écoles de pensées, leur intensité et leur fréquence. Cela serait un bon indicateur du fait qu'il pourrait être intéressant de « creuser » le thème faisant l'objet d'une telle différence d'analyse.

Théoriquement, c'est faisable ; et il pourrait s'agir à l'égard des sciences d'une contribution décisive, qui permettrait peut-être d'accélérer l'événement de certaines découvertes sur des sujets sur lesquels nombre de scientifiques n'oseraient pas chercher, craignant l'opprobre de leurs confrères. Nombreux sont les scientifiques qui se plaignent de ce que leur discipline semble prisonnière de la pensée commune, d'un consensus hérité d'une école de pensée qui ne s'est pas affirmée par la démonstration, mais qui s'est imposée par l'idéologie – qui existe comme partout, même en sciences – bien que leur champ soit celui de la démonstration et de la raison.

On ne peut que souhaiter que cette idée soit étudiée plus avant et, le cas échéant, qu'une chaire de recherche un peu audacieuse puisse se créer sur cette thématique.

Chacun aura compris qu'un tel exercice peut s'appliquer à peu près à n'importe quelle discipline. L'idée principale serait de détecter les biais épistémologiques, c'est-à-dire de voir la puissance de l'idéologie dans le domaine de la pensée collective. En politique, on pourrait voir l'influence d'idées nouvelles s'étendre peu à peu dans la société, on pourrait donc en tracer l'origine et voir quels sont les individus, les idées qui ont infléchi les décideurs. On pourrait de même connaître les hommes politiques les plus « efficaces » et savoir quels sont les thèmes les plus à même d'infléchir des élections, beaucoup plus précisément que nous ne le faisons aujourd'hui. On sait toutefois que Barack Obama a largement eu recours au Big Data pour gagner l'élection de 2008 et plus encore celle de 2012. Certes, il s'agissait plus de mécanismes qui permettaient de détecter les foyers indécis et qu'il convenait donc de prospecter, mais dans le champ des idées, quelques contributions des données auraient été mises en œuvre, avec succès semble-t-il.

Pour autant, la nature même de ce type de travaux doit faire l'objet d'une indépendance totale. Le processus de fonctionnement du Big Data, nous l'avons vu, au-delà des processus de validation scientifique traditionnels, repose sur un modèle nouveau, dans lequel la démonstration de la cause est tout sauf évidente.

Plateformes : nouveaux agents économiques et forces de lobbying

La crise pétrolière de 1974 marqua le début de la fin d'un monde. Une ère d'abondance et d'insouciance, que l'on nous avait promise sans limites, se révélait plus chancelante qu'elle n'en avait l'air. 1985 marqua le début d'une autre ère, celle d'échanges internationaux de plus en plus massifs. En synchronisant les marchés financiers à une échelle globale, les États ont certes rendu les flux monétaires plus importants et plus facilement mobilisables, mais ils ont commencé à favoriser beaucoup plus qu'auparavant l'émergence de l'accumulation de capital primaire. Car, ne nous y trompons pas, le principal acteur de la globalisation, c'est le numérique. C'est avant tout le numérique qui a permis la synchronisation des marchés financiers. Dès que cela fut possible, les opérateurs de ces marchés se sont mis à exiger des gouvernements que ceux-ci dérégulent les échanges financiers interpays avec l'argument imparable que cela accroîtrait l'effet de levier possible. Ce faisant, l'afflux monétaire dans l'économie réelle serait plus important et alimenterait la croissance. Cet argument simple n'a presque pas été contesté ni débattu, tant il est apparu dans un contexte politique (mandat de Reagan, Thatcher, affrontement avec l'URSS, post-crise de 1979) qui facilitait l'émergence d'une telle politique. Les premières plateformes numériques dédiées aux marchés financiers naquirent alors. 1985 représente également une année charnière dans l'histoire de l'humanité, car c'est elle qui a marqué le moment où la répartition des richesses a été la plus équitable, pour ensuite refluer sensiblement.

Bien entendu, d'autres phénomènes que les plateformes numériques sont à l'œuvre lorsque l'on évoque la globalisation : la démocratisation des transports aériens, le développement du fret, la baisse des barrières douanières. Il n'en est pas moins raisonnable de s'accorder sur le fait que c'est avant tout grâce à la capacité de synchroniser les marchés financiers et les matières premières – par le numérique donc – que les

États ont accepté de baisser les barrières douanières, et non le contraire.

Depuis quelques années, l'efficacité de la plateforme s'accélère. Les plateformes ont depuis longtemps quitté la sphère des marchés financiers et accèdent désormais à tous types d'activités économiques : gestion de mails (gmail, hotmail), réseaux sociaux (Facebook, Twitter), hôtellerie (Airbnb, Booking), transports (Google Flight, Blablacar, Uber), distribution (Amazon, Alibaba), sans compter les produits financiers où l'on observe également l'apparition de plateformes (Quickstarter, Lending-Club).

L'une de leurs particularités les plus évidentes concerne leurs capacités à distribuer des services globalement. Mis à part la Chine, l'Iran et quelques autres rares pays, les habitants de tous les autres pays ont généralement accès aux services des plateformes ; services qui reposent massivement sur les données. Ces services sont si efficaces qu'ils permettent de concentrer les richesses très rapidement : nul besoin d'avoir des usines remplies de travailleurs pour réussir. Google n'en a que quelques dizaines de milliers, et Facebook n'en a pas 10 000. Pourtant, leurs fondateurs ont amassé des fortunes considérables, en tous points comparables à celles de leurs aînés lors du *Guilded Age*, cette époque qui marque la transition entre la première et la seconde révolution industrielle aux États-Unis[1]. Plus le nombre d'utilisations de ces plateformes est élevé, plus le coût marginal de fonctionnement par utilisateur est faible. Et plus nous les utilisons, plus elles savent de choses à notre égard. C'est d'ailleurs pourquoi beaucoup ont la tentation de développer des services dans des domaines qui

1. Lire à ce sujet le remarquable ouvrage de Jaron Lanier, *Who Owns the Future ?* Simon & Schuster, New York, 2013.

leur étaient auparavant étrangers. Apple, au départ un fabricant d'ordinateurs, s'intéresse désormais de près à la musique, au cinéma, à l'éducation, à la santé… Tandis que Google s'intéresse à l'automobile, la santé, l'éducation, au tourisme, à la cartographie, aux services de messagerie, à la domotique, à la réalité virtuelle, aux robots, etc. Toutes ces activités sont autant d'occasions d'acquérir de nouveaux utilisateurs et surtout d'avoir une connaissance à chaque fois plus fine de chacun d'entre eux. *A priori*, rien ne leur résiste : Google peut à présent entrer dans de très nombreux domaines avec la possibilité de disposer de l'avantage compétitif déterminant que représentent les données qu'il détient déjà. Si Google veut lancer des véhicules autonomes, ce sur quoi il travaille depuis maintenant des années, il possède au départ une cartographie de très haute qualité. Mais il sera également à même d'organiser le fonctionnement de ces voitures de façon remarquablement efficace grâce à tout ce que Google sait déjà de nous. Si ces véhicules sont connectés à nos agendas, par exemple, ils peuvent prévoir de façon optimale le temps de déplacement et peuvent même organiser nos agendas en fonction de ces temps de déplacement. En lisant nos e-mails, ils peuvent de même nous suggérer le moment optimal pour un rendez-vous que nous remettions à plus tard en raison de son éloignement géographique, mais qui ne nécessite qu'un petit crochet à l'occasion d'une visite que nous rendons à un ami. Tout cela repose sur les données, sur la capacité de les utiliser pour connaître le moindre détail de nos vies. Il faut dès à présent accepter le fait que peu de métiers résisteront longtemps aux plateformes. Récemment, Google a lancé Google Flight, un moteur de recherche pour voyages aériens comme il en existe beaucoup. Un petit détail cependant attire immédiatement l'attention lorsqu'on l'utilise : les recommandations « spontanées » de destinations qui apparaissent sur l'écran d'accueil sont si pertinentes qu'on ne comprend pas comment Google peut deviner avec autant de précision les endroits que nous aimerions visiter. En réalité, Google a lu nos e-mails, a gardé en mémoire les endroits que nous avons consultés sur Google Maps, les noms de lieux que nous avons tapés dans Google Search, et nous propose donc des destinations adaptées. Google peut aussi savoir précisément où nous sommes, seconde après seconde, jour après jour, via notre téléphone Android.

Si l'on ne voit pas le mal partout et que l'on se dit que Google, Apple, Facebook, Amazon ou un autre grand acteur du digital ne cherchera pas à abuser de ces informations, il n'y a *a priori* aucune raison de s'inquiéter. Après tout, le gain de temps que permettent des services unifiés est considérable tant ils simplifient nos vies quotidiennes. Il est amusant à ce titre d'observer l'attitude schizophrène de nombre d'entre nous qui se déclarent « très inquiets » du potentiel inquisitoire des données, sans pour autant renoncer une seconde à l'utilisation de Facebook, Google, Apple.

Il n'en reste pas moins vrai qu'apparaissent plusieurs risques à l'égard du fonctionnement sain de nos sociétés.

Le premier d'entre eux est le risque économique. Dans la mesure où les marchés sont globalisés, il n'y a plus, comme lors de la deuxième révolution industrielle, de localisation de la production et de création de richesses par des acteurs locaux. Dans le cas du numérique, un très petit nombre d'acteurs maîtrisent des écosystèmes entiers (ici des écosystèmes de données). Et cela fait rapidement apparaître des problèmes de distorsion de concurrence :

manipulation des prix, différences de traitement lors de la distribution... Amazon effectue régulièrement des opérations de vente à perte, officiellement pour recruter de nouveaux clients. Dans le domaine du livre, ce distributeur est suspecté de vouloir se passer des maisons d'édition[1] et d'agir en conséquence pour les éliminer en tant qu'intermédiaires. Solocal (par exemple Pages jaunes) ou DailyMotion s'offusquent régulièrement de faire l'objet de traitements discriminants de la part de Google. Les acteurs de la presse quotidienne ont livré bataille à Apple pour empêcher celui-ci de prendre 30 % des revenus d'abonnement. Les exemples sont nombreux et devront aller croissant au fur et à mesure de l'accroissement de la domination de ces plateformes.

De surcroît, ces acteurs peuvent également mettre en place des dispositifs qui empêchent leurs clients de les quitter. Il est ainsi difficile d'exporter des contacts individuels enregistrés dans le logiciel Contact d'Apple pour les exporter vers d'autres plateformes. Beaucoup d'Apis* de ces plateformes sont conçus pour éviter que les données personnelles puissent être exportées vers des plateformes tierces. Si les données sont exportables, elles ne le sont généralement que dans des formats en nombre limité et que de façon incomplète. Dans ce même esprit, des stratégies de conquête peuvent être conçues en plusieurs temps. Android fut longtemps un système d'exploitation pour mobile totalement *open source*. Il était possible à quiconque de s'emparer du code source et de l'utiliser. Ceux qui le souhaitaient pouvaient ainsi supprimer toute interaction du système d'exploitation Android avec Google ! On pouvait le connecter à une autre

1. « Amazon mobilise les lecteurs dans son bras de fer contre Hachette », *Le Figaro*, 11 août 2014.

messagerie d'e-mails, à un autre système de cartographie, et ne pas recevoir les publicités de Google, mais celle de l'opérateur publicitaire que l'on avait choisi. Google a accepté cette situation jusqu'à ce qu'il considère avoir pris suffisamment d'avance et s'est mis progressivement à reprendre le contrôle de son code, en cessant de laisser la communauté de développeurs accéder à la source du code d'Android.

Enfin, un sujet de préoccupation reste la puissance de lobbying de ces sociétés, que craignent régulateurs et États. Au sein de la Commission européenne, l'instruction de la plainte contre Google se fait dans la crainte de renouveler l'affaire Legrand-Schneider[1], qui représente un traumatisme pour la direction générale à la concurrence : être un jour condamné par une cour de justice pour un jugement mal ficelé. Ces grands acteurs des plateformes disposent de budgets colossaux et sont à même de payer les meilleurs lobbyistes et les meilleurs avocats dans le but d'arriver à infléchir la régulation dans un sens qui leur est favorable. C'est évidemment propre à toutes les sociétés importantes (cigarettiers, marchands d'armes, d'acier, de médicaments, etc.), mais les enjeux sont ici plus essentiels encore, car ils sont rapidement globaux (on l'a vu, les services numériques sont généralement accessibles partout sauf dans quelques pays dont la Chine) et leur modèle technologique et d'affaire les pousse

1. En octobre 2001, la Commission à la concurrence avait jugé que la fusion Legrand-Schneider était de nature à créer une situation de position dominante inacceptable pour le fonctionnement normal du marché. Elle avait condamné Schneider à défaire la fusion avec Legrand. Le TGI avait par la suite condamné la Commission européenne à une lourde amende pour avoir mal évalué le risque d'abus de position dominante. « Legrand : Schneider réclame une lourde indemnisation », *Le Monde*, 26 avril 2007.

à envahir de nouveaux domaines d'activité, où ils disposent d'avantages compétitifs certains.

Enfin, ces sociétés comportent un risque de nature politique. C'est certes un point polémique, mais il est à présent manifeste que Larry Page et Jeff Bezos, pour ne citer qu'eux, ont une vision du monde largement liée au projet de leurs entreprises. *Don't be Evil* (« Ne soyez pas mauvais »), le slogan de Google, est plus qu'une affirmation aimable. C'est aussi la certitude bien ancrée que l'intérêt de l'entreprise se fond dans celui du bien commun. En apparence, c'est tout à fait exact : nombre de services de Google sont gratuits, et certains d'entre eux rendent des services considérables à la collectivité (Search, Maps, Traduire, etc.). Régulièrement d'ailleurs, Larry Page ne se cache pas d'avoir le projet de concurrencer les missions des États eux-mêmes. En soi, ce n'est pas nécessairement répréhensible. Après tout, gagner de l'argent avec des services gratuits bénéficiant à la collectivité ne peut être condamnable. Ce qui devient plus ambigu, c'est lorsque Google normalise des pratiques qui relevaient jusqu'alors des États ; c'est lorsque Google définit les standards de régulation de la vie privée, souvent sans que le consommateur, le citoyen ou les États qui les représentent n'aient leur mot à dire. Ainsi, lorsque Google a décidé de mettre tous les livres en accès libre et gratuit, les associations professionnelles ont dû batailler férocement pour faire valoir leurs droits. Il ne s'agit pas ici d'affirmer que ces associations avaient nécessairement raison. Il s'agit simplement de faire observer que Google – comme d'autres acteurs numériques dominants – est aujourd'hui émetteur de norme. Ainsi, Larry Page n'aime pas la propriété intellectuelle, il ne cesse de le dire et essaie de le traduire en actes, autant que faire se peut. De même, lorsque, à propos des données personnelles, Google fait en sorte que l'on puisse, de façon extra-testamentaire, définir par le biais d'un formulaire en ligne qui doit en hériter, il crée un précédent qui s'affranchit des lois nationales et qui peut potentiellement léser certains enfants du légataire. En France par exemple, l'exécution testamentaire est généralement effectuée par un notaire, dont le rôle est de s'assurer qu'une équité minimale – prévue par la loi – est respectée entre les héritiers. Google, en définissant que l'on peut confier toutes ses données à l'un d'entre eux seulement, n'est donc pas conforme au droit français.

Et justement, à l'égard des données, la bataille principale n'a pas encore eu lieu. Elle ne fait en réalité que commencer, car les principaux services liés au traitement des grandes données ne sont qu'en phase de maturation. Mais que devrions-nous faire lorsque Apple ou les autres acteurs de la plateforme vont s'immiscer dans le monde de la santé ? Comment devrait réagir le régulateur si Google lançait une offre d'assurance santé qui, on l'a vu, n'aurait aucun intérêt à assurer des personnes dont le risque personnel serait trop élevé ? Quoi qu'en dise Larry Page, quoi qu'en pense le consensus intellectuel des entrepreneurs numériques californiens, il ne peut être dévolu aux entreprises de définir seules la norme sociale. À la collectivité, aux citoyens, aux institutions qui les représentent, certainement. Mais pour ce faire, il est nécessaire que ceux-ci disposent des systèmes institutionnels et de représentation qui leur permettent de dessiner une régulation pertinente autant que légitime.

La régulation : affaire de spécialistes ou confiée aux citoyens ?

C'est l'un des principaux reproches qui pourraient être faits à la Cnil* et au régulateur en général : alors qu'il ne peut plus être contesté que – grâce à Internet – l'initiative citoyenne est une force primaire de la société qui se fait jour, la régulation française et souvent européenne à l'égard des données devient de plus en plus technocratique et s'éloigne du débat citoyen. Alors que ces sujets sont souvent d'une importance cruciale pour le fonctionnement de la démocratie, on l'a vu[1], les lois sont fréquemment passées en catimini, dans le flux parlementaire, sans réel débat public, et encore moins en concertation avec les citoyens. Lorsqu'on interpelle le président de la République lui-même sur le sujet des données, il nous renvoie à la Cnil*. La Cnil*, quant à elle, en tant qu'autorité administrative indépendante, n'est pas une institution démocratique, mais une entité d'experts à laquelle la collectivité a délégué le pouvoir d'appliquer la loi. Tout irait pour le mieux dans le meilleur des mondes si la Cnil* ne faisait qu'appliquer les textes et n'exercer que son pouvoir de contrôle et de contrainte. Mais la Cnil* ne se contente pas de ce rôle. En tant qu'experte des sujets liés aux données, c'est naturellement vers elle que le régulateur – l'exécutif ou un parlementaire – se tourne lorsqu'un enjeu nouveau apparaît. Et celle-ci, comme le fait généralement chaque institution, ne peut que prêcher afin de renforcer le mandat qui lui a été confié : dans le cas de la Cnil*, vers la mise en place de normes plutôt

1. Il n'y a eu que peu ou pas de réel débat public à l'égard de la Lopsi, de l'article 20 de la loi de programmation militaire, ni encore concernant le blocage des sites terroristes.

restrictives et limitant souvent le potentiel innovant, comme on l'a vu dans le cas de l'identifiant unique (Nir) du système de santé. L'évaluation du risque prime ontologiquement sur celui de l'innovation, ne serait-ce que parce que son collège est avant tout issu de membres de la haute fonction publique, aux formations à dominante juridique et aux très faibles connaissances à l'égard des enjeux numériques. Il est dommageable que les personnalités amenées à définir les standards à l'égard des données ne soient presque jamais issues du monde numérique ou de l'entrepreneuriat. L'orientation donnée aux travaux et aux consultations en découle : en guise d'exemple, les médecins consultés à l'égard du Nir, peu familiers des enjeux des données, n'ont pas aidé, semble-t-il, le système de santé à s'impliquer dans un projet novateur, mais ont avant tout exprimé dans la norme leurs propres angoisses face à un sujet qu'ils pressentaient comme à même de bouleverser leur façon de travailler.

L'enjeu, on l'a vu plus haut, n'est pourtant pas d'adapter le droit au cas par cas. L'enjeu est de repenser une très grande partie de la régulation sociale, dans un cadre qui ne soit pas, presque exclusivement, une limitation des libertés individuelles. L'enjeu est de refonder des liens qui tissent le vivre-ensemble, et qui façonnent une société tout en nous laissant malgré tout une très vaste latitude d'expression de la norme sociale. Ces sociétés pourraient être ce que l'on souhaiterait qu'elles soient, au choix : méritocratiques, solidaires, individualistes, sociales, redistributrices, rentières, permissives, répressives, etc. Mais nous devrons probablement les organiser en tenant compte du fait que, en plus des citoyens et des pouvoirs publics, il existera désormais des données, souvent personnelles et dont le potentiel déterministe est encore largement insoupçonné.

Aujourd'hui donc, notre société n'est pas capable d'administrer convenablement ces enjeux parce qu'elle ne voit que la nature spécifique liée au thème des données, et pense qu'il revient à des spécialistes du droit de définir ce qu'il convient de faire lorsque de nouveaux enjeux se présentent. Cette approche va devenir de plus en plus intenable et anachronique au fur et à mesure qu'apparaîtront les opportunités inédites offertes par les données. Il ne suffira pas, alors, de former le législateur aux enjeux des données ; car il ne s'agit pas d'adapter le droit, il s'agit ni plus ni moins de refonder la régulation sociale en intégrant des notions qui n'existaient tout simplement pas auparavant. À terme, il pourrait donc s'avérer nécessaire de repenser les fondements mêmes de l'organisation de nos institutions de régulation sociale. Il est difficile d'anticiper sur des thèmes qui sont encore en devenir. Toutefois, quelques idées fortes semblent prendre tout leur sens au sein de cette nouvelle dimension et mériteraient d'être considérées.

1. Le droit à l'expérimentation est essentiel : dans la mesure où nous n'avons encore qu'une idée très vague de ce qui est possible ou ne l'est pas, il est indispensable que la norme ne soit pas la première contrainte qui limite l'innovation. L'innovation doit pouvoir s'exprimer aussi librement que possible, avec une limite connue qui est celle de la possibilité pour le régulateur de reprendre la main à tout moment, dès lors que des abus sont caractérisés ou qu'ils pourraient survenir de façon manifeste. Au-delà du droit à l'expérimentation, la prise de risque semble être une caractéristique propre aux sociétés qui réussissent leur transition vers une ère nouvelle. La seconde révolution industrielle nous montre qu'il existe un décalage de presque trente ans entre les premières

sociétés à adopter l'électricité et le moteur à explosion et celles qui ont le plus tardé à le faire.

2. La certification des pratiques des acteurs privés peut être une base d'inspiration pour le droit : il n'y a aucune forme de honte à prendre en compte ce que font les Anglo-Saxons à l'égard de ces sujets et, pourquoi pas, à normaliser certaines pratiques contractuelles au sein du droit. Une mise en œuvre vertueuse d'outils de *learning machine** dans le monde de l'assurance pourrait devenir la base d'une norme, arrêtée par le législateur et que d'autres entreprises issues du même secteur pourraient reproduire.

3. La notion de données personnelles est largement imprécise : par exemple, dans la majorité des cas, les *learning machines** se fichent totalement de savoir comment nous nous appelons et peuvent travailler à partir de données non personnelles. Les *learning machines** peuvent par exemple définir que toutes les personnes qui répondent à un profil « caucasien, de 30 à 35 ans, portant des vêtements de telle marque et parlant rapidement » sont potentiellement des clients de telle autre marque. L'une des choses que peuvent chercher les *learning machines** consiste à savoir si elles sont capables de générer une « boucle de réaction » pertinente à partir de nos données. Plus leur référentiel est important, plus il a de sources variées et plus il a une probabilité élevée qu'elles trouvent une compatibilité nous concernant intimement. Ces machines n'ont pas nécessairement besoin de nous identifier pour savoir qui nous sommes. La question de savoir si elles peuvent interagir avec nous malgré tout devra alors se poser. Songeons que les données qui peuvent les alimenter sont des caméras publiques, des cellules de comptage dans les magasins, des signaux génériques de téléphones mobiles, etc. De ces informations anodines, des recoupements

peuvent être faits et dans certains cas, des « profilages » très élaborés peuvent être effectués.

4. Les Apis* pourraient être un support du droit : aujourd'hui, les Apis* régissent les relations entre deux systèmes numériques. Elles contraignent, de façon technique, l'usage que l'on peut faire d'une plateforme. L'usage des Apis* permettant notamment d'accéder à des données personnelles pourrait être lié à des contrats ou à des articles réglementaires qui définiraient les conditions dans lesquelles on peut utiliser les données auxquelles l'Api* donne accès. Ainsi, une Api* qui permettrait l'accès à des données d'illettrisme, pâté de maisons par pâté de maisons, pourrait être complétée d'un rappel réglementaire. Celui-ci interdirait à ses utilisateurs d'effectuer des travaux de réidentification des individus qui vivent dans ces maisons, en croisant les données issues d'autres jeux de données. Le législateur pourrait d'ailleurs prévoir des cadres génériques, qui éviteraient à l'utilisateur d'une Api* ou d'un service informatique de lire 70 pages d'un contrat écrit en tout petits caractères et qui peut être modifié à tout moment.

5. L'*open source* et les Apis* pourraient être une façon de réguler et de contrôler la puissance des plateformes : on le sait, le débat à l'égard de la domination des plateformes est sans fin. On l'a également dit et répété : plus elles acquièrent de données à notre égard, plus la barrière à l'entrée vis-à-vis d'éventuels concurrents est difficile à franchir. Les données sont donc le pétrole[1] du XXIe siècle. Une façon de limiter la puissance des plateformes serait de faire que, à tout moment, un utilisateur puisse récupérer ses données

1. Cette affirmation devenue célèbre semble avoir été prononcée pour la première fois en 2006 par Clive Humby, lors d'une convention dédiée à l'informatique et aux data.

et les transmettre à une autre plateforme. C'est l'esprit du règlement européen qui entrera en vigueur en 2017. Il conviendrait que cette disposition soit écrite de sorte que cette manipulation puisse être simple à effectuer et que les données transmises soient effectivement exploitables. De même, on pourrait définir que certains traitements de données soient publiés de façon ouverte – en *open source* – pour s'assurer que certains algorithmes ne comprennent pas des caractéristiques discriminantes sur des bases ethniques, d'orientation sexuelle ou autres.

6. Les tiers de traitement de données pourraient être obligatoires dans certains cas : à défaut d'avoir l'assurance qu'un algorithme ne risque pas de discriminer certaines catégories d'individus, le régulateur pourrait imposer l'utilisation de tiers de confiance pour le traitement des données personnelles dans certains cas. Un assureur, par exemple, ne pourrait pas accéder aux résultats précis des traitements des informations de santé de ses clients, mais ne pourrait accéder qu'à des résultats normés et se verrait imposer d'utiliser un tiers de traitement. Seuls quelques gradients – comme lors de l'achat d'un réfrigérateur gradué de A à F – lui permettraient de définir le prix de la police d'assurance qu'il pourrait proposer. En aucun cas, il ne saurait que l'assuré est sujet à une déficience génétique, propre à faire porter un niveau de risque normalement inacceptable par la compagnie d'assurances. Cette disposition ne serait cependant à appliquer qu'après avoir constaté l'impossibilité d'un traitement direct par les parties les plus intéressées.

7. La culture du contrôle et de la sécurité des données devra être largement diffusée : à ce jour, nous n'avons qu'une idée très générique de ce qu'il est possible de faire de nos données. Seuls nos mots

de passe, nos codes de cartes de crédit font l'objet d'une attention particulière, et malgré tout souvent insuffisante. Mais au-delà, nous utilisons régulièrement des appareils qui permettent de nous identifier à notre insu. Les voitures, par exemple, disposent d'adresses Mac, d'interfaces Bluetooth et Wi-Fi, qui sont autant d'occasions d'identification. Des start-up comme The Wireless Registry essaient de faire apparaître des standards de sécurité qui nous permettraient d'administrer très simplement tous les objets intelligents qui nous sont rattachés en définissant le niveau d'ouverture que nous concédons à chacun d'entre eux. Ces notions restent cependant inconnues pour la majorité d'entre nous et pourtant nous serons probablement tous amenés à utiliser des objets intelligents dans un futur proche : il est donc nécessaire que la connaissance qui permet de nous défendre des usages abusifs soit largement diffusée et enseignée. Nos systèmes éducatifs sauront-ils relever ce défi ?

Les données peuvent-elles mentir ?

« *Crap in, crap out* » : combien de fois ai-je entendu cette expression de la bouche de mon associé ! Ces quatre mots signifiant littéralement « donnée sale à l'entrée, donnée sale à la sortie », il voulait exprimer par là l'idée que, quelle que soit la qualité des tableaux de bord de CaptainDash, ces mots n'empêcheraient pas les biais statistiques s'il y en avait dans les données initiales. Les données ne sont que ce qu'on veut qu'elles mesurent. Si le système de mesure est faussé, il ne fait aucun doute que les données circuleront avec les mêmes défaillances dans les organisations où elles seront utilisées. Cependant, dans un contexte où les données seront désormais beaucoup plus souvent mises en relation avec d'autres données dans l'entreprise, la détection de fausses valeurs ou de biais va devenir progressivement beaucoup plus aisée qu'auparavant. On peut même envisager que les données fausses soient beaucoup plus rapidement détectées que par le passé. Plusieurs start-up ont d'ailleurs envahi ce champ d'activité, à l'instar de la société française Talend.

La lecture des données induit aussi parfois des biais. Avoir un graphique dynamique qui ne prend qu'une petite partie d'une visualisation peut largement induire en erreur. Régulièrement, les journaux nous présentent des analyses à l'aide de visuels qui sont aussi spectaculaires que biaisés, car seule une partie de l'échelle est visible. Ainsi, le chiffre de 30 000 chômeurs de plus (ou de moins) peut sembler énorme sur une échelle qui ne représenterait que la partie variable des 3 millions de chômeurs. Ces biais sont nombreux et montrent que, comme pour l'expression écrite, une grammaire propre aux données mérite d'être enseignée. En d'autres termes, tout le monde ne comprend pas aisément que 10 % de 10 % ne font que 1 %. Pour autant, dans l'ère dans laquelle nous entrons, il pourrait s'agir là de connaissances essentielles.

Le code des données

« Qui trop embrasse mal étreint » : il est à craindre que cette maxime ne s'applique que trop bien au futur règlement européen sur la protection des données personnelles. En étant aussi générique que possible, le texte a été obligé d'adopter des principes généraux, créant ainsi des zones de flou de nature à mécontenter toutes les parties[1]. En réalité, la perception du numérique comme « autonome » du reste du droit est le défaut de naissance de ce texte : le législateur semble agir comme s'il espérait parvenir à éviter que les données ne reviennent ultérieurement, dans les « autres » textes de loi. En réalité, c'est le contraire qui risque de se produire, comme cela a été démontré tout au long de cet ouvrage : les data seront bientôt partout et, dans beaucoup de cas de figure, bien malin qui sera capable de dire si elles appartiennent réellement à quelqu'un, et encore plus malin qui pourra adopter des pratiques génériques de leur usage.

On le voit donc, des concepts entièrement nouveaux apparaissent à propos de la façon dont nous pourrions administrer les enjeux de liberté, de prise de risque, d'économie et d'interaction sociale. Ces enjeux sont propres à l'émergence d'une nouvelle ère, où individu, surveillance et transparence seront des notions aussi fortes qu'interdépendantes. C'est un tournant largement comparable à l'événement de la première révolution industrielle ou à celui de la seconde. Car chacune de ces révolutions a produit le droit qui lui était nécessaire : la première a vu l'émergence du code civil, qui a remplacé le droit romain et canonique (et qui a considérablement amélioré la *Common Law* anglo-saxonne), pour permettre une plus grande stabilité sociale nécessaire à l'émergence d'une société d'entrepreneurs. Puis, avec l'avènement de la deuxième révolution industrielle, sont apparus les droits sociaux – le code du travail en particulier – qui

1. La notion « d'intérêt légitime », par exemple, est attaquée par les défenseurs des libertés comme par les acteurs économiques. Voir « Des failles majeures subsistent dans le règlement du Parlement européen sur la protection des données », *La Quadrature du Net*, 12 mars 2014.

ont permis la qualification des travailleurs et leur émancipation. Les enjeux évoqués plus haut pourraient bien voir apparaître, à l'échelle de pays ou même d'ensembles supranationaux comme l'Europe, un code de la personne qui garantirait largement les libertés et responsabilités individuelles. Le texte européen en préparation comprend certes les prémisses de ces notions. Mais, sans doute parce qu'il fait appel à des concepts encore difficiles à manier, il n'en reste pas moins incapable de définir convenablement les relations optimales qu'il conviendrait d'instituer entre les différentes catégories d'acteurs : agents économiques, institutions publiques, tiers divers et citoyens.

Il semble raisonnable de pronostiquer l'apparition progressive d'un « code des données et du respect de la personne », qui marquera l'émergence de cette nouvelle ère, comme le code civil et le code du travail ont marqué le début de leurs ères respectives.

OUVERTURE

La nécessité de choisir

En avril 2014, Stephen Hawking, probablement l'un des scientifiques vivants les plus brillants, prit la parole pour dénoncer les risques cachés, intrinsèques de l'intelligence artificielle[1]. Beaucoup n'y virent que les élucubrations d'un homme maintenant âgé et évidemment diminué par une terrible infirmité. Pourtant, Hawking n'est pas un réactionnaire. Il croit profondément au progrès et a souvent émis des hypothèses qui démontrent sa capacité d'envisager un monde renouvelé, sensiblement différent de celui que nous connaissons, notamment du fait de possibles avancées scientifiques ou techniques. Hawking « voit » littéralement des univers que le commun des mortels ne peut pas conceptualiser. C'est d'ailleurs en cela que son point de vue est intéressant. Mais sa vision, tout aussi perçante qu'elle soit, ne représente néanmoins que l'un des futurs possibles.

L'humanité dans son ensemble est confrontée aujourd'hui à des choix probablement les plus importants de son histoire, et ce de façon nette et brutale. Nous allons devoir gérer la transition énergétique de la planète, et répondre aux défis environnementaux que poseront ses 9 ou 10 milliards d'habitants. Ces défis sont connus et la façon dont nous allons y répondre décidera du succès ou de l'échec des théories

1. « Stephen Hawking is terrified of artificial intelligence », *Huffington Post*, 5 mai 2014.

malthusiennes. Le numérique et le Big Data vont nous pousser à repenser l'ensemble des normes de notre société et la façon dont nous vivons ensemble. Ces technologies auront un impact plus rapide et plus fort que l'invention de la presse de Gutenberg, qui représente probablement le principal déclencheur de la sécularisation des sociétés occidentales. Le numérique et les données feront apparaître des questions parfois frontales, dont certaines remettent en cause la structuration du fonctionnement de nos sociétés.

Quatre questions émergent :

1. La propriété sera-t-elle toujours une valeur phare de la société de demain ?

Est-ce que posséder une voiture, un appartement aura encore du sens dans une société technologique de services, où les données permettront de satisfaire le besoin sans avoir à acquérir l'objet ? Les sceptiques pointeront que des sociétés comme LeCab ou Uber offrent déjà ces types de services sans qu'il y ait eu de changements significatifs à l'échelle d'une société humaine. Il n'y a pourtant aucune raison que ça s'arrête là, tout simplement parce que les données vont s'affiner au fur et à mesure que le volume augmentera ; et finalement, le prix de ces services pourrait baisser de façon tellement drastique que la considération même d'achat d'un bien physique plutôt que d'un service semblerait hors de propos.

2. L'espace géographique sera-t-il toujours le fondement sur lequel s'appliquera le droit ?

Il n'existe pas de réponse certaine à cette question ; mais à l'égard de la fiscalité, du droit d'auteur, du droit commercial lié à la vente de services, la mise en œuvre du droit devient parfois si complexe que l'on peut réellement se demander si la notion d'application territoriale sera à long terme préservée. Déjà, les États-Unis envisagent d'étendre à l'ensemble du monde certains volets de leur réglementation sur les données privées ; une proposition qui ne manque pas d'interpeller de nombreux juristes dans le monde, tant elle amène une rupture dans les principes génériques du droit.

3. Les lieux de savoir vont-ils disparaître ?

À une heure où un paysan guatémaltèque peut accéder aux mêmes cours sur la physique quantique qu'un jeune homme de bonne famille de Boston, ne faut-il pas envisager la disparition des lieux de savoir ? Les technologies Big Data évoquées pourraient-elles se démocratiser et se simplifier au point d'être accessibles à des individus et non plus uniquement à des entreprises ?

4. Les systèmes politiques fondés sur la représentation auront-ils toujours un sens ?

La question peut sembler naïve. Mais lorsque les données fourniront aux citoyens des informations si précises qu'ils pourront arbitrer de façon beaucoup moins subjective à l'égard des politiques publiques, observera-t-on une généralisation des processus de débat public et de participation de la multitude tels qu'on les observe à Boston, Taïwan, Palo Alto ou Londres ?

Mais cela n'est sans doute pas le plus important au regard des bouleversements que nous promettent vraisemblablement les données. Le Big Data porte en lui des enjeux qui sont d'une telle nature qu'il serait souhaitable que notre projet en tant que société humaine puisse être discuté. Car finalement, que savons-nous de ce projet ? Qu'il s'est construit par défaut, et qu'il privilégie le développement de l'efficacité de la performance, mais aussi de la satisfaction de besoins et des pulsions comme fin en soi. Or, si nous privilégions la consommation, les loisirs et l'oisiveté, nul doute que la machine saura y répondre avec beaucoup d'efficacité, mais en finissant probablement par altérer certaines dimensions essentielles de la nature humaine. Car lorsque Apple ou Google répondent à nos besoins de déplacement, de nourriture, de vacances, d'images ou de musique en fonction de ce que nous exprimons, même inconsciemment, ils nous conforment à interagir plus efficacement avec la machine et finalement étouffent notre capacité d'itération empirique, que les Anglo-Saxons appellent *serendipity*. En osmose avec la machine, l'humanité – sous sa forme actuelle – disparaîtra, au profit d'une humanité transhumaniste décrite depuis des décennies maintenant par les auteurs de science-fiction.

Car pour atteindre cet objectif d'univers « hyperscientifique » régulé par les données, les sociétés deviendront non seulement beaucoup plus normatives qu'elles ne le sont déjà, mais probablement eugénistes. C'est l'essence même d'une société performante : l'élimination des défauts par sélection génétique (ce qui a déjà largement commencé) et la rectification des tendances asociales. Il y a dans ce projet un risque de rectification morale dont l'enjeu interpelle déjà les chercheurs en neurosciences : doit-on corriger les aspérités cérébrales ? S'il y a des avantages à se conformer au projet, il existe un risque que les éléments déviants soient rééduqués par la machine pour s'inscrire dans ce projet. On démontrera sans doute bientôt que les *learning machines**, associées à des dispositifs neurocognitifs, peuvent conditionner la psyché de façon radicale. D'un côté il serait fantastique d'éviter le décrochage scolaire en détectant précocement les enfants présentant des difficultés d'apprentissage ; d'un autre, si le processus est un peu trop efficace, le risque est de les transformer en cohortes de moutons.

La tentation de la cannibalisation de l'humain par la machine sera forte. Déjà, des scientifiques sont capables de mettre en interface de petits dispositifs numériques avec le cerveau. L'hybridation entre l'homme et la machine ne fait donc que commencer. Disposer d'un lien neuronal permanent avec Wikipédia, Google ou une interface d'intelligence artificielle, avoir des rétines augmentées, se faire greffer des distributeurs électroniques de molécules thérapeutiques optimisant les dosages, etc. : tout cela n'est plus de la science-fiction, puisque chacune de ces innovations fait déjà l'objet de prototypes, parfois avancés. Et tout cela créera des données riches et pertinentes pour « augmenter » nos vies, mieux nous connaître et, finalement, contrer nos faiblesses génétiques ou éducatives et accroître nos chances d'opportunités favorables.

Mais devant ces nouvelles possibilités, que même Jules Verne n'avait pas osé imaginer, ne devrions-nous pas poser la question du sens du projet humain ? Que savons-nous réellement du bonheur des individus et des sociétés, au-delà de la croissance de l'espérance de vie, du bien-être – ou plutôt du bien-consommer – matériel, de la liberté d'expression – dans le cadre du champ dialectique connu ? Que savons-nous également de l'évolution de la psyché collective ? Jusqu'à quel point avons-nous déjà conformé nos sociétés ? Notre projet humain – que l'on peut qualifier d'occidentaliste – s'est-il, avec le « progrès », réellement élevé en qualité, au-delà des aspects quantitatifs, évidents et tangibles ?

Ray Kurzweil les aborde régulièrement depuis au moins vingt ans dans différents traités[1] et interviews. Mais ce qui est nouveau, c'est l'accélération que procure le Big Data aux systèmes de l'intelligence artificielle. En leur facilitant le traitement de corpus de données potentiellement immenses, le Big Data et les systèmes à base de graphes accroissent substantiellement la vitesse d'émergence d'une ère d'efficacité des machines et des systèmes. L'accélération est notoire,

1. Ray Kurtweil, *The Singularity is Near : When Humans Transcend Biology*, Viking, 2005.

et ce dans bien des domaines, ce qui permettra aux ordinateurs de se trouver rapidement en situation d'être meilleurs que nous sur de nombreux terrains. Pour faire la cuisine, produire des richesses, nous transporter, nous défendre, peut-être faire l'amour, pourquoi pas nous tenir compagnie. Finalement, en ce qui concerne l'une des grandes valeurs morales de l'humanité contemporaine, l'utilité sociale, il nous faudra peu à peu admettre que les machines, les plateformes ont commencé à nous supplanter. Ce sentiment d'« inutilité » qui frappe déjà beaucoup d'entre nous pourrait s'étendre largement. Les « bons travailleurs », ceux qui sont des acteurs référents, seraient amenés à disparaître peu à peu[1].

Tout cela n'est pas inéluctable. Nous pouvons choisir. Nous pouvons choisir de ne pas croire ce que nous racontent comme une évidence nécessaire certains entrepreneurs et penseurs – souvent californiens – qui cherchent à produire une idéologie au prétexte que leurs modèles sont meilleurs car ils permettent d'offrir gratuitement une infinité de services. Sans nier le potentiel de ces technologies, qui est avéré, ni même nier nombre de bienfaits qu'apportent ces services, peut-on contester l'idée que l'efficacité de la plateforme, du marché, soit un modèle ultime parce que gratuit ?

Ce n'est pas l'efficacité des plateformes de ces acteurs qui doit nous interpeller. Cette efficacité reflète surtout l'audace entrepreneuriale d'Américains qui ont su, avant les autres, s'emparer de ces nouvelles technologies. Non : ce qui doit être débattu, c'est cette affirmation en apparence imparable que l'efficacité du marché, démontrée par leurs plateformes, s'appliquerait partout

1. Je traite largement de ce sujet dans mon précédent ouvrage, *L'Ère numérique, un nouvel âge de l'humanité*, Le Passeur Éditeur, 2014.

et sous le contrôle des plateformes ; et également au genre humain. Il ne se passe pas un mois sans que l'un des grands *tycoons* américains du numérique fasse une déclaration sur le fait que le transhumanisme est la suite logique au développement des plateformes. Les Google Glass sont un premier pas dans cette direction : une première étape de simplification de la façon dont nous interagissons avec la machine. Et, en apparence, cette simplification évidente est plutôt bienvenue : qui n'a jamais manqué d'avoir un accident en marchant dans la rue en utilisant son smartphone ? Mais cette évolution introduit le principe d'un lien continu avec la machine. D'une assistance permanente de la machine, qui va pousser notre esprit à abandonner certaines tâches, comme la mémoire, pour se concentrer sur d'autres. Là non plus, il n'y a rien qui puisse être contesté en soi. Mais au fur et à mesure, les machines vont s'intégrer plus profondément à notre existence. Nous allons vouloir éviter d'avoir à prononcer les mots pour commander Google Glass et simplement « penser » ce que nous souhaitons faire. Ces travaux sont déjà très avancés et très prometteurs[1]. Une fois que ceux-ci auront abouti, nous chercherons à détecter notre volonté en nous affranchissant du langage. L'utilisation du Big Data sera alors essentielle pour permettre des analyses sur un grand nombre de configurations d'individus connectés et trouver ce que certaines configurations neuronales signifient. À ce stade, il deviendra possible de détecter des biais propres à révéler la propension à développer des « maladies » psychiques ou même simplement des écarts. Nous saurons également ce

1. « Thought controlled computer closer than we think », *The Sydney Morning Herald*, octobre 2013. Et également : « Ohio surgeons hope chip in man's brain lets him control paralyzed hand with thoughts », *Washington Post*, 29 avril 2014.

qui exprime la faim, la tristesse, la joie, le plaisir, etc. Et la machine pourra immédiatement s'adapter à ces situations pour notre apparent bien-être.

Il y a là une réflexion à mener sur la nature de la réaction que peuvent nous offrir les machines. Et éventuellement sur l'indépendance des machines qui créent cette réaction. Bien entendu, la caricature de ce type de réaction serait que McDonald's nous offre un bon de réduction à chaque fois que la machine détecte que nous avons faim. Ce genre de mécanisme semble tellement grossier qu'il est vraisemblable qu'il sera évité. Mais que penser de machines qui, plus simplement, nous indiqueraient où et comment nous restaurer lorsque nous avons faim ? *A priori*, il s'agit là d'un service qui est dans la droite ligne de ce que savent faire les plateformes et que nous apprécions à chaque instant : la capacité de répondre de plus en plus finement à nos besoins, et même de les devancer. Cette analyse, évidemment, poursuit la logique du marché : créer une adéquation aussi parfaite que possible entre l'offre et la demande. Mais ce qui paraît être une évidence n'en reste pas moins une foi, une idéologie consubstantielle au développement de notre monde contemporain. Si elle possède une efficacité incontestable, elle a aussi des biais dont certains ont été régulés par le droit. Pour autant, offrir une réponse immédiate à nos stimuli n'en a pas moins des effets évidemment pervers et le risque de donner naissance à des addictions de toutes natures. Si nous apprécions l'alcool, nous pouvons tout aussi bien devenir alcooliques. Si nous apprécions les programmes de divertissement, nous pouvons avoir des difficultés à ne pas rester des heures devant la télévision. Nous pouvons être « accros » à l'information, aux réseaux sociaux, au travail, etc. Toutes ces addictions ont une nature pavlovienne : c'est la certitude d'apprécier la réaction qui nous pousse à nous adonner à nos addictions. Chacune de ces addictions, quelle qu'en soit la sévérité, représente une aliénation de notre liberté plus ou moins forte. Or, la perte de liberté n'est certainement pas une condition qui grandit l'humanité. Il y a donc, on le voit, un paradoxe dans cette liberté apparente que procure la machine et qui se trouve être aussi la racine de notre aliénation. Un paradoxe qui laisse la machine répondre à nos besoins immédiats et donc à accroître notre espace du possible, tout en nous aliénant. Avoir des machines qui prédisent et organisent nos vies de façon remarquable, qui créent des sociétés humaines efficaces et cohérentes, est certes une tentation intéressante, mais si l'émergence de celles-ci doit se faire au prix d'une aliénation de notre liberté, et en fait, de notre humanité, c'est une question qui, *a minima*, mérite d'être débattue.

Car c'est de la façon dont nous orienterons les machines que nous déciderons de notre futur. Lors d'un entretien à Paris, alors que je terminais d'écrire ce livre, Doug Cutting, l'inventeur de Hadoop* et donc à un large degré l'inventeur du Big Data, m'a fait observer : « Les ordinateurs peuvent créer des sociétés totalitaires [...] mais ils peuvent surtout nous rendre meilleurs [...] ils vont de plus en plus faire partie de notre vie, mais ne doivent pas nécessairement faire partie de nous-mêmes. »

Il évoquait par là la possibilité pour chacun d'entre nous d'utiliser les ordinateurs pour mieux nous connaître. La question reste de savoir si nous sommes encore capables de mener à bien ce projet. Dès 1966, lors d'un débat télévisuel, Heidegger s'était inquiété de notre capacité à infléchir les progrès techniques et nous avait interpellés avec son fameux : « Seul un Dieu peut encore nous sauver. » Car s'il n'est plus possible de choisir autre chose qu'une société efficace, productiviste, consommatrice, à l'instar de ce qu'ont produit les sociétés néooccidentales, il faut accepter que le destin des machines devienne aussi le nôtre, et qu'une hybridation fonctionnelle ou même physique ait effectivement lieu. Le risque sera alors d'y perdre une partie de notre humanité, d'imbriquer des automatismes dans nos vies à un point tel que nous ne saurons rapidement plus faire marche arrière. Et le risque absolu serait l'anéantissement total. C'est l'idée exprimée dans le fameux paradoxe de Fermi : nous n'avons pas encore été visités par des extraterrestres car ceux-ci n'existent pas ; aucune civilisation ne parviendrait à un niveau de maîtrise technologique suffisant pour effectuer des voyages intergalactiques sans s'autodétruire au cours de son ascension technologique.

Mais peut-être y a-t-il un autre chemin, un chemin que nous n'envisageons pas parce qu'il n'est pas en apparence raisonnable. Un chemin de civilisation également, mais un chemin qui vise à renforcer ce qui caractérise l'humanité au-delà de la machine. Ce chemin est celui sur lequel la machine sera, au moins pour un temps, inconfortable. Là où la machine n'est capable que d'incréments, ne connaît pas la fulgurance de l'intuition, de l'acte gratuit, l'homme se caractérise par ce qui le rend plus unique encore que la raison. L'art, la transcendance, la poésie et la spiritualité en sont les attributs. Et la machine pourrait nous aider à y être meilleurs. Nous n'aurions plus, pour un temps au moins, à tenter une compétition qui est de toute façon perdue d'avance. Il s'agirait donc d'abandonner le projet transhumaniste qui laisserait la machine nous cannibaliser et assigner à celle-ci le rôle de renforcer ce qui relève de notre irrationalité, ce qui nous rend transcendants, intuitifs, créatifs ou fulgurants. Il s'agirait aussi de dépasser la foi en l'utilitarisme comme valeur sociale fondamentale, et d'abandonner la pensée réductionniste, l'efficacité aux machines, sans pour autant nous faire engloutir par celles-ci. Il s'agirait de reconnaître et d'acter – au moins pour un temps – que les machines ne seront toujours que des machines, simplement parce qu'elles ne sont ni généreuses ni émues, parce qu'elles n'ont aucune capacité de réelle compassion. Celles-ci, en revanche, pourraient nous permettre de mieux nous connaître, d'approfondir la connaissance intime que l'humanité a d'elle-même. Elles pourraient nous aider à nous renforcer dans cette dimension qui nous rend uniques. Elles pourraient nous permettre de créer une alliance harmonieuse entre les attributs d'une civilisation technologique et une civilisation humaine, au sens le plus profond du terme. Certaines expériences visent ainsi à analyser les chemins qui renforcent diverses configurations du cerveau assimilées à la créativité, l'harmonie, la présence à soi-même[1].

Mais même ainsi, il ne s'agirait peut-être que d'un répit. Certains travaux laissent à penser que les machines seront un jour capables d'écrire de la poésie ou des compositions musicales rudimentaires. La fameuse barrière concernant la conscience des robots pourra-t-elle être un jour franchie ? En réalité, si le cerveau humain procède d'une logique qui peut être déduite, alors un jour les machines nous dépasseront. Mais peut-être que celui-ci ne procède pas entièrement d'une logique qui peut être copiée par les ordinateurs. Certains travaux suggèrent que des phénomènes difficiles à expliquer avec les modèles réductionnistes s'y produisent. Des études sur les expériences de mort imminentes (EMI ou NDE, *near death experience*, en anglais), des travaux sur l'existence

1. Rick Hanson, *Buddha's Brain : The Practical Neuroscience of Happiness, Love, and Wisdom*, New Harbinger Publications, 2009.

possible de phénomènes quantiques[1] au sein du cerveau pourraient ouvrir de nouvelles perspectives sur la définition de la conscience et, de fait, délimiter une barrière durable entre l'homme et la machine. Nous n'en savons à ce stade que trop peu pour être affirmatifs, mais cela n'ôte rien à ce qui a été énoncé précédemment. Jamais, on le voit, la fameuse affirmation de Rabelais – « Science sans conscience n'est que ruine de l'âme » – prononcée il y a cinq siècles ne pourrait se révéler prophétiquement aussi juste. Au sein d'une ère où l'on nous rappelle sans cesse que la science va démontrer l'inexistence de l'âme, il faut redire que cette affirmation n'est portée par rien d'autre que par l'esprit du temps, par une vision utilitariste et scientiste de l'univers. Rien ne permet d'affirmer cela, ni son contraire d'ailleurs. En l'absence de cette réponse, rien ne nous interdit de faire le choix de la société de l'humanité, et aussi celui de la conscience ; le choix d'une société qui réunifierait conscience et connaissance, au détriment d'une société utilitariste. Cela ne signifie pas que nous abandonnons le projet initial de la cybernétique : bien au contraire. Les machines ont été initialement pensées pour nous servir et vont devoir le faire plus encore, pour répondre aux défis posés par l'alimentation, l'environnement, l'organisation urbaine et sociale du monde qui vient. Mais l'organisation des sociétés doit être faite pour remettre les choses à leur place : à l'humanité la transcendance, l'art et la poésie ; aux machines la production, l'efficacité. On peut en tout cas se demander si c'est avec la prescience de tout cela que Malraux aurait prononcé sa célèbre phrase

1. « Discovery of quantum vibrations in "microtubules" inside brain neurons supports controversial theory of consciousness », *Science Daily*, 16 janvier 2014.

(souvent déformée) : « Le XXIe siècle sera mystique ou ne sera pas. » Car c'est en regard du risque de surrationalisation du projet humain que Malraux s'exprimait.

Nous vivons en réalité un instant unique et fragile ; un changement d'ère. Et à ce titre, c'est maintenant qu'il faut nous interroger sur notre devenir, sur ce que nous voulons collectivement. En tant qu'humanité, il va nous falloir choisir et agir. Nous allons devoir dépasser les horizons de la pensée. Et il est plus que dommageable qu'à l'aune d'un tel bouleversement, la pensée politique se soit stratifiée autour d'enjeux sans consistance par rapport à ceux-là, alors qu'elle devrait s'attacher à construire un projet de société, une organisation des données qui parte de ces principes.

Il est difficile de terminer cet ouvrage sans faire une dernière fois référence à Darwin, ce génie incroyablement fécond, dont la vision du monde fut bouleversée par ce qu'il découvrit initialement au travers de l'observation de pinsons aux îles Galápagos. Darwin qui, jeune, était émerveillé par l'observation poétique – et synthétique – de la nature ne put plus la voir à la fin qu'au travers du prisme analytique de ses découvertes. Et il se désespérait d'avoir lui-même désenchanté son monde, tué la transcendance poétique qui l'emportait jadis lorsqu'il se promenait dans la forêt de Bromley : « Si j'avais à revivre ma vie, je me serais imposé de lire de la poésie et d'écouter de la musique au moins une fois par semaine[1] », écrivit-il dans ses Mémoires. À la fin de sa vie, il ne voyait plus que des lignées, des espèces, et s'effrayait de constater

1. « If I had my life to live over again, I would have made a rule to read some poetry and listen to some music at least once every week » (Charles Darwin, *The Autobiography of Charles Darwin, 1809-1882*).

qu'il ne parvenait plus à être touché par la beauté du monde. Darwin ouvrait ainsi une ère au sein de laquelle l'univers n'est compris que de façon presque exclusivement analytique, préfigurant la nature d'une humanité qui s'éloignait de la perception synthétique qui l'avait jusqu'alors caractérisée. Il pourrait en être ainsi du Big Data : sa nature hyperscientifique pourrait nous pousser à construire un monde si efficace que nous ne saurions plus pourquoi nous l'avons fait ; et nous ne saurions même plus pourquoi nous avons fait ce que nous avons fait car, rappelons-le : la cause n'existe pas dans le monde du Big Data.

Les sociétés humaines peuvent donc faire le choix du non-choix. Celui de la mise en œuvre de ces techniques sans conscience ni débat. L'histoire, pourtant, nous montre que par le passé l'utilisation brutale des techniques n'a pas toujours permis l'épanouissement des nations. Dans ce cas, la réflexion préalable est non seulement nécessaire, mais impérative, tant il s'agit de définir quelles orientations nous souhaitons donner au projet humain.

Lexique

Api : acronyme d'*Applications Programming Interface*. Prise de courant numérique, l'Api est une interface de programmation qui permet à de multiples services numériques de se « brancher » sur une application pour échanger des données.

Une Api est généralement ouverte et proposée par le propriétaire du programme. Elle peut être normalisée par des organismes comme l'Iso ou l'IUT.

***Cluster* :** grappe de serveurs ou « ferme de données », structure générique des applications distribuées en Big Data.

Cnil : acronyme de Commission nationale de l'informatique et des libertés. La Cnil représente une autorité administrative indépendante chargée de veiller à ce que l'informatique soit au service du citoyen et qu'elle ne porte atteinte ni à l'identité humaine, ni aux droits de l'homme, ni à la vie privée, ni aux libertés individuelles ou publiques (source Wikipédia).

CRM : acronyme de *Customer Relationship Management*. Il s'agit des progiciels qui permettent de traiter directement avec le client, que ce soit au niveau de la vente, du marketing ou des services annexes, et que l'on regroupe souvent sous le terme de *front-office*, par opposition aux outils de *back-office* que sont les progiciels de gestion intégrés ou ERP (source Wikipédia).

DPI : acronyme de *Deep Packet Inspection.* Technologie permettant de reconstituer des messages à partir de l'interception des *packets* IP qui transitent dans un câble de télécommunication sous-marin par exemple.

En informatique, la *Deep Packet Inspection* (en français Inspection des paquets en profondeur) est, pour un équipement d'infrastructure de réseau, l'analyse du contenu (au-delà de l'en-tête) d'un paquet réseau (paquet IP le plus souvent) de façon à en tirer des statistiques, à filtrer ceux-ci ou à détecter des intrusions, du spam ou tout autre contenu prédéfini. Le DPI* peut servir notamment à la censure sur Internet ou dans le cadre de dispositifs de protection de la propriété intellectuelle (source Wikipédia).

ETL : acronyme d'*Extract-Transform and Load.* Représente une passerelle faite sur mesure entre deux systèmes d'information.

Elle est fondée sur des connecteurs (*extract*) servant à exporter ou à importer les données dans les applications (par exemple des connecteurs Oracle ou SAP...), des transformateurs (*transform*) qui reformatent les données (agrégations, filtres, conversions...), et des mises en correspondance (*load*). Les solutions d'ETL sont apparues dès les années 1970 pour faciliter la conversion régulière de données entre applications dans le monde bancaire et financier. Les ETL sont souvent le cauchemar des directeurs informatiques pour leur complexité. Elles s'opposent aux Apis qui visent à normaliser les échanges là où les ETL font des traitements spécifiques.

Gafa : l'acronyme de Google, Apple, Facebook et Amazon, quatre grandes firmes américaines emblématiques de ce qu'est l'économie numérique avec son développement très rapide, et dominant chacune leurs marchés.

Hadoop : à la base, Hadoop représente un *framework* conçu en *open source* et permettant de réaliser des traitements sur des volumes de données massifs, de l'ordre de plusieurs pétaoctets (soit plusieurs milliers de téraoctets). Aujourd'hui, il s'agit davantage d'une définition générique d'outils de Big Data *open source*, compatibles entre eux.

Hana : acronyme de *High Performance Analytic Appliance*. C'est une technologie *in memory* de traitement en mémoire de masse, propriétaire, développée par SAP AG. Hana fonctionne en mode massivement parallèle, exploitant ainsi au maximum de processeurs multicœurs et permettant l'exécution particulièrement rapide des requêtes.

In memory : les systèmes de Big Data « en mémoire » travaillent sur des données stockées dans de la mémoire vive (ou flash) pour accélérer le traitement de requêtes nécessitant de faire de nombreux appels de données. Actuellement beaucoup plus coûteux à exploiter que les systèmes en disques traditionnels, ils n'en représentent pas moins une avancée significative par la vitesse de traitements des algorithmes complexes qu'ils permettent.

Learning machine : système qui pratique l'analyse de situations à partir de données et qui est capable de commencer une action en fonction des typologies de données. Par exemple, prévenir un usager d'un dysfonctionnement lorsque l'infrastructure de son opérateur est tombée en panne.

MapReduce : architecture de développement informatique, inventée par Google, dans laquelle sont effectués des calculs parallèles, et souvent distribués, de données potentiellement très volumineuses, typiquement supérieures en taille à 1 téraoctet.

Les termes *map* et *reduce* ainsi que les concepts sous-jacents sont empruntés aux modèles de programmation. MapReduce permet de manipuler de grandes quantités de données en organisant leur distribution dans un *cluster** de machines afin d'y être traitées. Ce modèle connaît un grand succès auprès de sociétés possédant d'importantes quantités de données à traiter, comme Amazon ou Facebook.

NoSQL : en informatique, NoSQL (*Not only SQL* en anglais) désigne des systèmes de gestion de base de données (SGBD) qui ne sont pas fondés sur l'architecture classique des bases relationnelles. L'unité logique n'y est plus la table, et les données ne sont en général pas manipulées avec le système générique SQL. Les systèmes NoSQL sont généralement rudimentaires en termes de fonctionnalités, mais permettent une grande agilité dans le traitement des données. Ils se sont progressivement imposés avec l'explosion de données qu'ont constatée les grands acteurs de l'Internet qui ne parvenaient plus à faire fonctionner leurs services avec des systèmes relationnels traditionnels.

***Open data* :** une « donnée ouverte » est une donnée numérique d'origine publique ou privée, accessible à tous. Elle peut être notamment produite par une collectivité, un service public ou une entreprise. Elle est diffusée de manière structurée selon une méthodologie et une licence ouverte garantissant son libre accès et sa réutilisation par tous, sans restriction technique, juridique ou financière.

Saas : acronyme de *Software as a Service*. Service logiciel auquel on accède en ligne et que l'on paye en fonction de l'utilisation (par mois, par volume, etc.).

Spark : dispositif *open source* de type Hadoop* qui s'affranchit des architectures de type MapReduce* en faisant ses traitements directement dans de la mémoire vive (*in memory*). Accélérant ainsi ses traitements de façon importante, allant jusqu'à 100 fois plus vite que les systèmes Hadoop traditionnels, Spark est un programme prioritaire d'Apache Foundation.

Remerciements

Je tiens à adresser mes plus sincères remerciements à tous ceux qui m'ont aidé, moralement pour les uns et par leurs conseils techniques pour les autres, parmi lesquels : Philippe Ulrich, Fabrice Epelboin, François Simon, Mehdi Essakalli, Stéphane et Patrick Aisenberg, Joël de Rosnay, Laurence Parisot, Axelle Lemaire, Neelie Kroes, Marie-Christine Levet, Geoffrey Delcroix, Romain Lacombe, Natasha Quester Siméon, Odile Roujol, Tatiana Quester Siméon, Xavier Cazard, Thomas Landrain, Sonia Rameau, Laurent Bigorgne et Hervé Pillaud.

Je remercie en particulier Louis-Christophe Laurent, Mehdi Benchoufi, Olivier de Gandt, Jérémie Wainstain et Jean-Christophe Despres pour leurs relectures attentives et parfois multiples, et Bruno Walther pour m'avoir donné l'idée d'écrire cet ouvrage.

De même, je remercie les nombreuses personnes qui ont accepté de me donner un peu de leur temps à l'Inria, au Mit et à l'EPFL. Ainsi que des auteurs et spécialistes du Big Data comme Steven Levy, Doug Cutting ou Kenneth Cukier, dont les travaux et contributions ont été essentiels.

Table

DEUXIÈME PARTIE

Entrer dans l'univers des data

TROISIÈME PARTIE

Nous et les machines

CET OUVRAGE A ÉTÉ COMPOSÉ
EN PALATINO CORPS 10,2
PAR NORD COMPO
À VILLENEUVE-D'ASCQ.

ACHEVÉ D'IMPRIMER
PAR L'IMPRIMERIE CPI FIRMIN-DIDOT
À MESNIL-SUR-L'ESTRÉE, EN MAI 2017,
POUR LE COMPTE DU PASSEUR ÉDITEUR.

Dépôt légal : décembre 2016.
N° d'imprimeur : 141703.
Imprimé en France.